DR. MATTHIAS HAMMER

Der Freund in meinem Kopf

Nutze bewusst die Kraft deiner Gedanken

Vorwort

Die meisten Menschen verwechseln ihr denkendes, kritisches Ich mit ihrem bewussten Erwachsenen-Ich. Sie sind vollständig identifiziert mit dieser denkenden, bewertenden, kritischen Stimme in ihrem Kopf. Bei vielen hat dieser sogenannte innere Kritiker komplett die Führung übernommen – und er verhält sich oft feindlich. Ich habe vor einigen Jahren ein Buch eigens dazu geschrieben: »Der Feind in meinem Kopf. Stopp den inneren Kritiker!« Dieser Kritiker sitzt dick und breit im Stuhl des Erwachsenen-Ichs und bewertet unbemerkt uns selbst und die Welt. Unser Geist aber lässt sich zum Glück nicht auf diese plappernde bewertende Stimme reduzieren, er ist viel größer, klarer, freundlicher und mitfühlender als unser Denker-Ich. Und wir alle tragen einen weiteren inneren Anteil in uns, der uns hilft, dies zu erkennen. Es ist unser bewusstes Erwachsenen-Ich. Mit ihm können wir lernen, Abstand zu unseren Gedanken zu finden und bewusst zu wählen, womit wir uns aufmerksam beschäftigen wollen. Wir können wieder in einen direkten lebendigen Kontakt mit unserem Leben und Erleben kommen. Dieser innere Anteil ist eine freundliche Kraft unseres Bewusstseins und in diesem Buch geht es darum, diese Kraft und ihre Fähigkeiten, die auch in Ihnen schlummern, wieder zu entdecken und zu nutzen.

*Sie haben die Wahl,
ob Sie den Freund oder den Feind
in Ihrem Kopf nähren.*

Ich denke, die Wahl fällt Ihnen nicht schwer. In diesem Buch erfahren Sie deshalb, wie Sie den Freund im Kopf unterstützen und immer wieder aussteigen können aus psychischer Starrheit und Überidentifikation mit dem eigenen Denken. Es zeigt Ihnen Wege auf, Ihr Bewusstsein flexibler zu nutzen und den Verstand als hilfreiches Werkzeug zu entdecken.

Was wir hier beginnen, ist eine lohnende Entdeckungsfahrt in Ihr eigenes Bewusstsein. Ich verspreche Ihnen, Sie werden dabei viel Neues erfahren und erproben. Die gute Nachricht lautet: Sie tragen einen Freund in Ihrem Kopf, der Sie bereits sehr lange begleitet. Und jetzt ist der Moment gekommen, wo Sie ihn bewusst kennenlernen.

DAS TYPISCHE OVERTHINKING

Wenn der bewusste innere Erwachsene nicht aktiv ist, passiert uns oft das, was ein Klient von mir schilderte und was Sie möglicherweise auch kennen. Robin beklagte sich über »Overthinking«. Ich fragte ihn, was er damit meine. Er antwortete: »Ich mache mir ständig Gedanken über alles Mögliche. Ob ich mich gestern im Gespräch mit meiner Nachbarin richtig verhalten habe. Ob ich den richtigen Beruf gewählt habe. Ob ich mit meiner Freundin zusammenbleiben soll oder nicht. Während der Lockdownphase war es manchmal besonders schlimm, da habe ich nur noch gedacht und gedacht und gar nichts mehr getan. Ich war viel am Handy und in meinen Gedankenschleifen. Ich konnte mich gar nicht mehr um anstehende Entscheidungen kümmern.«

So wie Robin geht es vielen. Immer mehr Menschen können sich und ihr Erleben in dem Begriff »Overthinking« wiederfinden. In der Psychologie wird häufig von »sorgenvollem Denken« und »Grübeln« gesprochen oder auch von »automatischen Gedanken«. Genau das müssen wir uns ansehen, wenn wir zu dem Freund in unserem Kopf vordringen wollen. Im ersten Kapitel werden wir uns deshalb mit verschiedenen Formen des Denkens beschäftigen. Denn Denken ist eigentlich ganz normal. »Ich denke, also bin ich«, hat der französische Philosoph und Naturwissenschaftler René Descartes im 17. Jahrhundert formuliert. Und in vielen wissenschaftlichen Konzepten spielt das denkende Ich bis heute eine zentrale Rolle für unsere Identität. Wir definieren uns als menschliche, bewusste Wesen über unser Denken. Wie kann es dann sein, dass Denken zum Problem wird? Solche Fragen werden wir klären.

EIN NEUARTIGES KRAFTVOLLES ERLEBEN IHRER SELBST

Im weiteren Verlauf des Buches geht es darum, inwieweit wir tatsächlich unser denkendes Ich als bedeutendsten Teil unseres Selbsterlebens sehen. Wir identifizieren uns meist vollumfänglich damit und definieren uns über unseren Verstand. Das aber kann problematisch werden und deshalb versuchen verschiedene psychotherapeutische Ansätze den Klientinnen und Klienten einen über das Denken hinausgehenden Zugang zu sich selbst zu vermitteln. Einen solchen inneren Perspektivwechsel und das damit zusammenhängende veränderte Selbsterleben möchte ich Ihnen hier ebenfalls vermitteln. Und vielleicht kennen Sie es auch schon von Momenten, in denen Sie »selbstvergessen« alltäglichen Tätigkeiten nachgegangen sind, wie beispielsweise der Arbeit im Garten oder einem Spaziergang im Wald.
Menschen, die dieses andersartige Selbsterleben erfahren, beschreiben es als einen bewussten Kontakt zu ihrem inneren Erleben, als Abstand zu den Gedanken, als lebendiges bewusstes Gegenwartserleben, Mitgefühl für sich selbst und andere, als größeren inneren Freiraum und angenehme Ruhe. Klingt verlockend, oder?
Dieses Erleben hat in der Forschung viele Namen erhalten. Was dabei in uns wach ist, wird in verschiedenen psychologischen und psychotherapeutischen Ansätzen als »innerer Beobachter« bezeichnet, als »beobachtendes Selbst«, »transzendentes Selbst« oder einfach als »Selbst«. Im Kern bemerken all diese unterschiedlichen Auffassungen eine hohe Bewusstheit für innere und äußere Prozesse, die im gegenwärtigen

Moment geschehen. Ich bezeichne diese Bewusstheit als »Freund im Kopf«. Und im Buch hier geht es darum, wie wir uns diese Seite unseres Selbsterlebens, diesen bewussten Anteil zugänglich machen können. Die gute Nachricht ist nämlich: Wir können aus unseren zwanghaften Sorgen, aus Overthinking und Grübeln aussteigen. Wir sind nicht gefangen in unseren gedanklichen und emotionalen Schleifen.

Wir können lernen, uns tiefer mit der Gegenwart zu verbinden und unser Leben von dort aus aktiv zu gestalten.

Um das bereits während des Lesens zu üben, haben Sie immer wieder die Möglichkeit, kurz innezuhalten, innerlich umzuschalten und sich Ihrer selbst bewusst zu werden. Diesen Freund im Kopf, das beobachtende Selbst zu entdecken, bedeutet für viele Menschen eine größere Bewusstheit im Alltag, einen flexibleren Umgang mit Gedanken und Gefühlen und einen freundlicheren Umgang mit sich und anderen sowie der Welt. Ich wünsche Ihnen Neugierde, Offenheit und Interesse beim Entdecken dieser bewussten freundlichen Seite, die Sie in sich tragen. Es ist eine Ressource, ein Ort der Ruhe, von dem ausgehend Sie all Ihre Fähigkeiten besser nutzen können. Sie können damit auch lernen, Ihr Denken funktional wie ein Werkzeug einzusetzen und es aber auch beiseitezulassen und die Entspannung zu genießen.
Ich freue mich, dass ich Sie durch dieses Buch und auf dieser Entdeckungsreise zum Freund in Ihrem Kopf begleiten darf.

Ihr Matthias Hammer

Ich denke, denke, denke, denke, also bin ich

Was hat es mit dem Denken eigentlich auf sich, dass es einerseits so ganz natürlich und auch wertvoll ist, uns andererseits aber auch schmerzen und schaden kann? Welche Denkweisen gibt es überhaupt? Schauen wir genauer hin.

DENKEN,
EINE WERTVOLLE FÄHIGKEIT

Es ist normal, viel zu denken. So wie die Speicheldrüsen in unserem Mund Speichel produzieren, so produziert unser Gehirn laufend automatische Gedanken. Es ist, als ob es uns pausenlos Vorschläge macht, worüber wir nachdenken könnten. Was da im Kopf für gewöhnlich passiert, ist noch kein Nachdenken. Nachdenken besteht aus längeren Gedanken- und Vorstellungsketten. Es fordert von uns viel mehr Energie, Aufmerksamkeit und Zeit. Automatische Gedanken produziert unser Gehirn mit wenig Energieaufwand so nebenher. Wenn wir in eine gedankliche Kette einsteigen und uns intensiver damit beschäftigen, sprechen wir von Nachdenken. Es ist eine besondere Fähigkeit, nachdenken zu können. Auch wenn ich hier im Buch kritisch mit unserem Denken umgehe, möchte ich eines vorwegschicken: Wir sollten diese besondere Qualität unseres Gehirns wertschätzen und konstruktiv nutzen. Auch das lernen wir, wenn wir den Freund in unserem Kopf aktivieren. Ob unser Gehirn automatische Gedanken produziert oder nicht, darauf haben wir wenig Einfluss. Ob wir über ein Thema vertieft nachdenken wollen oder nicht, darauf haben wir viel Einfluss. Heute Morgen kam mir zum Beispiel aus dem Nichts der automatische Gedanke: »Du brauchst noch ein Bahnticket für die nächste Dienstreise.« Nach dem Frühstück nahm ich mir Zeit und plante die Bahnfahrt. Wo muss ich hin, was sind die Anfangszeiten der Veranstaltung …? Meine Aufmerksamkeit war aktiv, in meinem Kopf hatte kein anderes Thema Platz. Nachdem ich die Fahrkarte gekauft und die Zeiten in meinen Kalender eingetragen hatte, war ich erleichtert und mit dem Ergebnis zufrieden. Das Nachdenken und Planen hatte sich gelohnt. Die eingesetzte Energie hatte zu einem Ergebnis geführt. Ein Thema war abgeschlossen, dann begann sich mein Kopf langsam mit dem nächsten Thema zu beschäftigen.

*Nachdenken ist für uns sehr wertvoll.
Es hilft uns,
in der Welt zurechtzukommen.*

Nachdenken hilft uns, Probleme zu lösen, kreativ zu sein, uns mit faszinierenden Themen zu beschäftigen. Interessiert nachdenken, etwas verstehen und Neues lernen, das macht dabei auch Spaß. Es kann uns sehr freudvolle und erfüllende Erfahrungen schenken. Daher möchte ich Sie nur ermuntern: Setzen Sie Ihre Fähigkeit zu denken bewusst ein. Denken ist Arbeit und kostet Energie. Wofür wollen Sie diese kostbare Energie im Beruf und in Ihrer Freizeit einsetzen?

Was Sie auf jeden Fall mithilfe Ihres Denkvermögens lernen können, ist das bewusste Aussteigen und Abstandnehmen von Denkformen, die Sie belasten und die sinnlos Energie kosten, weil sie zu keinem Ergebnis führen. Wie bei Romy. Sie arbeitet als Bauingenieurin und leitet aktuell mehrere Projekte. Keines davon läuft nach Plan. Baumaterialien fehlen, Handwerker können die Termine nicht halten, die Kosten gehen durch die Decke. Romy sitzt abends am Schreibtisch und sucht nach Lösungen. Sie weiß, dass es nicht an ihr liegt, dass die Projekte aus dem Ruder laufen, und doch fühlt sie sich verantwortlich. Immer öfter wacht sie nachts zwischen zwei und vier Uhr auf und denkt darüber nach, was sie noch tun kann. Sie ist schließlich die Projektmanagerin und hat die Verantwortung. Ihr fällt es immer schwerer, gedanklich Abstand zu finden und abzuschalten.

Ein Kollege versucht sie aufzumuntern: »Uns geht das doch gerade allen so. Kannst du dich an das letzte Projekt erinnern, bei dem Zeitplanung und Kostenkalkulation eingehalten wurden? Ehrlich gesagt, ich kann mich nicht mehr daran erinnern.« Bei Romy kommt die Botschaft nicht an. Sie fühlt sich verantwortlich und versucht gedanklich, die Probleme zu lösen. Sie geht hart und selbstkritisch mit sich um. Doch auch durch ihre nächtlichen Grübeleien gelingt es ihr nicht, die Probleme zu lösen, die nun mal struktureller Natur sind. Die Arbeitsbedingungen von Romy sind schwierig, vieles ist unplanbar und unsicher.

WENN WIR AM DENKEN LEIDEN

Nicht nur für Romys Verstand ist es schwer, die Situation nüchtern und sachlich zu betrachten und am Feierabend ruhen zu lassen. Was kann Romy daran ändern, dass Rohstoffe aus China oder Indien gerade nicht geliefert werden können? Doch ihr Verstand arbeitet weiter an den unlösbaren Schwierigkeiten.
Vielleicht kennen Sie das aus Ihrem eigenen Leben, dass Sie gedanklich an Problemen hängen bleiben, die Sie nicht lösen können. Immer mehr Menschen fühlen sich gefangen in ihren Bewertungen und in den Geschichten, die sie sich unentwegt selbst erzählen. »Ich bin ein Overthinker«, so hat sich kürzlich Robin, mein schon erwähnter Klient, selbst beschrieben. Der Begriff »Overthinking« ist neu, aber das damit beschriebene Phänomen und Erleben ist sehr alt. Wenn wir das Wort hören, meinen wir sofort zu verstehen, was es bedeutet: zu viel denken, ohne zu einem Ergebnis zu gelangen. In Zirkeln und Schleifen denken, sodass man sich immer mehr in seine Bewertungen und Vorstellungen verstrickt. Sorgen um bestimmte Themen, mit denen wir nichts ausrichten können. Vorwürfe, die nichts verändern können.

Overthinking: Große Denkaktivität, aber wenig oder kein gedanklicher Fortschritt.

Wenn Denken wehtut: Overthinking

Bisher gibt es keine einheitliche Definition von Overthinking, die uns helfen könnte, das Phänomen vom normalen alltäglichen Denken zu unterscheiden. Und doch erfassen wir intuitiv, was mit Overthinking gemeint ist. Gefühlt geht dabei unsere ganze Aufmerksamkeit und Energie in unsere Gedanken. Mit Overthinking meinen wir unerwünschte, negative Denkgewohnheiten, mit denen wir uns selbst das Leben schwermachen.
Die Stopp-Taste scheint unauffindbar.

Denk-, Erinnerungs- und Vorstellungsprozesse laufen meist hochautomatisch ab. Wir sind uns ihrer nicht bewusst. In den folgenden Kapiteln möchte ich daher durch eine Mischung aus Erklärungen, Beispielen und Selbsterfahrungsmöglichkeiten Ihr Bewusstsein und Ihr Verständnis für Ihre Gedanken und Denkprozesse schärfen. Es ist hilfreich, wenn Sie die Inhalte mit Ihren persönlichen Erfahrungen verbinden. Beim Lesen und Durcharbeiten dieses Buches können Sie Ihr Bewusstsein und Ihre Aufmerksamkeit trainieren und automatische Gedanken leichter erkennen und durchschauen.
Es ist wie bei einem Waldspaziergang. Stellen Sie sich vor, Sie gehen zum ersten Mal durch einen Wald. Die Geräusche sind Ihnen fremd, die dicht stehenden Bäume erscheinen Ihnen dunkel und riesig. Dann begegnen Sie einem Förster, der Ihnen die alten Eichen zeigt, die neben den Buchen stehen. Er erklärt Ihnen den Unterschied zwischen Fichten und Tannen. Der Specht ist zu hören und der Förster weist Sie auf die warnenden Rufe des Eichelhähers hin. Plötzlich haben Sie ein größeres Bewusstsein für Pflanzen und Tiere des Waldes entwickelt. Sie hören und sehen erste Zusammenhänge. Der Förster hat Ihr Interesse geweckt und Ihnen Orientierung für die Phänomene und Geschehnisse im Wald gegeben. Sie nehmen von nun an vieles bewusster wahr, wenn Sie

durch den Wald gehen. In verwandter Weise geht es genau darum in diesem Buch. Nur ist der Wald hier Ihr Bewusstsein, das Sie für gedankliche Prozesse schulen, für Ihre automatischen Bewältigungsstrategien und Ihre Aufmerksamkeit im Alltag.

DIE PERSPEKTIVE WECHSELN

Ich kann mich gut an den Tag erinnern, als meine Frau und ich während eines Urlaubes plötzlich feststellten, dass unser älterer Sohn verschwunden war. Wir liefen durch das Feriendorf am Meer und begannen zunächst relativ entspannt an seinen Lieblingsplätzen zu suchen. Mit der Zeit wurden wir immer unruhiger. Sorgenvolle Gedanken machten sich breit, dass ihm etwas passiert sein könnte. Nach einer Stunde waren wir extrem besorgt. In meinem Kopf tauchten Bilder und Geschichten von Entführungen auf. Je gestresster wir wurden, desto realer schienen mir diese Bilder in meinem Kopf, in denen er entführt worden war oder einen Unfall im Meer hatte. Der Albtraum schien total real. Angst und Panik machten sich breit. Das Feriendorf hatte jegliches Urlaubsfeeling verloren. Es war ein Ort des Horrors und des Schreckens geworden, an dem mein Kind das Opfer einer Gewalttat oder eines Unfalls geworden war.

Wir entschieden uns, laut seinen Namen rufend durch das Dorf zu laufen. Und irgendwann hörte ich seine helle Kinderstimme. Er kam fröhlich mit ein paar anderen Kindern aus einem Hauseingang. Er hatte mit den anderen in einer Wohnung ferngesehen und uns nicht Bescheid gesagt. Der Albtraum in meinem Kopf zerplatzte wie eine Seifenblase. Es waren nur Fantasien und Gedanken gewesen, glücklicherweise keine Wirklichkeit. Ich konnte sofort erkennen: »Ah, das waren ja nur Gedanken.« Ich hatte die Perspektive gewechselt.

Wenn wir uns hundertprozentig mit unseren Gedanken identifizieren, wenn wir sie für die Realität halten, bezeichnen Psychologen dies auch als Objektmodus. Unser Geist ist gern ein Geschichtenerzähler, der uns eine spannende Story nach der anderen auftischt. Und als wirklich guter Geschichtenerzähler schafft er es natürlich, dass wir voll eintauchen und alles für real und wirklich halten. Wir erleben jedes Detail hautnah. In unserer Vorstellungskraft liegt eine große Fähigkeit. Doch sie hat auch ihre Schattenseiten. Denn leider sind die Geschichten, die uns der Verstand erzählt, meist nicht so unterhaltend wie eine Serie oder eine Komödie. Häufig sind es solche Geschichten, wie ich und meine Frau sie in dem Feriendorf erlebt haben. Viele Verstandes-Geschichten sind mit Ängsten, Unsicherheiten oder Schamgefühlen verbunden. Nicht angenehm.

Als mir klar wurde, dass mein Sohn nur vor dem Fernseher gesessen hatte und alle meine Katastrophenideen bloß innere Bilder waren, die nicht der Realität entsprachen, hatte ich sofort Abstand zu meinen Fantasien. Sie waren nicht real. Mein innerer Geschichtenerzähler hatte einen Horrorfilm gedreht und nun war ich mir dessen bewusst geworden: Es war nur Kopfkino. Auch hierfür gibt es einen Fachausdruck, Psychologen nennen das Entlarven des Kopfkinos den metakognitiven Modus: Wir sind uns dessen bewusst, dass Bilder, Gedanken und Vorstellungen durch unseren Kopf geistern und dass es sich nicht um die Realität, nicht um Fakten handelt.

Im Alltag wechseln wir häufig automatisch vom metakognitiven Modus in den Objektmodus und umgekehrt. Im Laufe dieses Buches werden Sie hingegen trainieren, dies bewusst zu tun. Es kann von Vorteil sein, wenn Sie sich bewusst in den Objektmodus begeben, wenn Sie zum Beispiel eine Präsentation vorbereiten. Sie können sich dann aktiv den Ablauf der Präsentation vor Augen führen und mit Ihrer Aufmerksamkeit und Ihrem Erleben ganz dabei sein. Ähnlich gut passt der Objektmodus, wenn Sie einen Roman lesen oder wenn Sie sich in einem Tagtraum an ein schönes Urlaubserlebnis am Meer erinnern und das wohlige Gefühl von Wind und Sonne auf der Haut erneut spüren. Bei den meisten kreativen Prozessen ist es ebenfalls sehr hilfreich, mental tief einzutauchen.

In anderen Situationen ist besser, sich klar bewusst zu machen: Es sind nur Gedanken. So bei Maja: Wenn sie im Regen Auto fährt, dann erlebt sie immer wieder Ängste und die Fantasie, dass gleich ein Unfall passiert. Vor Jahren hatte sie bei regennasser Fahrbahn tatsächlich einmal einen Unfall, bei dem glücklicherweise niemand verletzt wurde. Für Maja ist es heute wichtig, immer neu zu registrieren, dass in ihrem Kopf bei Regen im Auto Erinnerungen an damals aufkommen. Es sind nur Gedanken, auch wenn es sich sehr bedrohlich anfühlt. Ihr hilft es, bewusst in den metakognitiven Modus zu wechseln.

Im Laufe des Buches können Sie mehrfach üben, sich Ihrer Gedanken bewusst zu werden. Es wird also nicht nur um die Inhalte gehen, sondern immer wieder auch darum, die Perspektive zu wechseln. Es ist, wie wenn Sie einen Thriller sehen und plötzlich bemerken, dass Sie auf Ihrem Sofa sitzen und Lust auf ein paar Chips haben. In dem Moment haben Sie die Verschmelzung mit dem Film verlassen. Sie sind sich der realen Situation bewusst geworden und nachdem Sie Naschnachschub geholt haben, kann das Eintauchen in den spannenden Film weitergehen. Eine solche Bewusstmachung führt Sie bereits an den Freund in Ihrem Kopf heran, den Sie bald besser kennenlernen werden.

ERLEBEN

Gedanken beobachten und begrüßen

Halten Sie einen Moment inne. Registrieren Sie die Gedanken, die gerade in Ihrem Geist auftauchen und vorbeiziehen. Auch die kleinsten Minigedanken, Bewertungen oder Worte. Nehmen Sie diesen automatischen Fluss wahr. Beobachten und begrüßen Sie innerlich diesen kreativen Fluss automatischer Gedanken. Verändern Sie ihn nicht, bemerken Sie ihn nur. Notieren Sie die Gedanken und dann beobachten Sie weiter: Welcher Gedanke kommt als Nächstes?

DENKFORMEN.

KONSTRUKTIV ODER BELASTEND

Inzwischen gibt es viele wissenschaftliche Studien zu Denkweisen, die Stress erzeugen und uns belasten, sowie zu Denkweisen, die hilfreich und funktional sind. Gleich am Anfang dieses Buches ist es mir daher wichtig, Ihnen einige Denkformen vorzustellen und herauszuarbeiten, wie man sie unterscheiden kann. Erinnern Sie sich vielleicht an den oben erwähnten Waldspaziergang mit dem Förster. Er hat Eichen von Buchen unterschieden, erklärt, was eine Eibe und was einen Ahorn ausmacht, und dafür bestimmte Erkennungsmerkmale wie Rinde oder Blattform genannt. Ähnlich können wir auch anhand von klaren Erkennungsmerkmalen unterschiedliche Denkformen unterscheiden. Das ist hilfreich, weil wir erst dann entscheiden können, welche davon wir bewusst weiterverfolgen wollen, weil es sich lohnt. Bei anderen Denkweisen hingegen erkennen wir, dass es besser wäre, wann immer möglich in den metakognitiven Modus zu wechseln und auszusteigen.

DENKEN IST ALLTÄGLICH

Denken, das ist zunächst etwas ganz Normales. Unser Gehirn produziert am laufenden Band Gedanken – das automatische Denken. Wir können uns gar nicht entscheiden, ob wir denken wollen oder nicht. Man weiß, dass wir etwa 40 000 bis 50 000 Gedanken pro Tag denken. Kleinste Bewertungen, Assoziationen, Erinnerungen, Vorstellungsbilder, Begriffe, Geschichten – all diese inneren Phänomene bezeichnen wir als Denken. Gedanken tauchen in jeder Situation auf. Sobald Sie einem Menschen begegnen oder einen Raum betreten, tauchen Assoziationen und Bewertungen auf. Beim Geruch von Zimt denken viele von uns an Weihnachten und Plätzchen. Sobald Ihr Handy ein Geräusch macht, taucht sofort eine Gedankenkette auf. So funktioniert unser assoziatives Gedächtnis. Nur ein kleiner Teil unserer Gedanken ist dabei neu. Wir wiederholen in der Regel das, was wir schon kennen oder was uns gesagt wurde. Und so haben wir pausenlos eine Gedankenflut im Kopf. Nicht nur wenn wir wach sind, sondern auch im Schlaf ist unser Geist aktiv und springt von einer Assoziation zur nächsten. Der Psychologe und Nobelpreisträger Daniel Kahnemann unterscheidet zwischen zwei Formen des Denkens: »System 1« beschreibt er als »schnelles Denken«, das hochautomatisch abläuft. Es ist uns oft wenig bewusst und läuft so nebenher. »System 2« hingegen erfordert mehr Anstrengung und Aufmerksamkeit, dieses Denken ist planvoller, bewusster und zielgerichtet. Dieses »langsame Denken« hilft uns, die Steuererklärung fertigzustellen oder Französisch-Vokabeln zu lernen. Es erfordert Aufmerksamkeit und ist an Lernprozessen beteiligt.

Es ist der Job unseres Geistes, in diesen beiden Weisen aktiv zu sein. Wir können mit der Hilfe unseres Denkens Probleme lösen, Brücken bauen, uns in andere Menschen hineinversetzen, Fehler erkennen und korrigieren. Unser Denken kann sich mit dem Lösen eines Schachproblems beschäftigen oder mit der Auswahl eines Urlaubsortes.

WENN DENKEN BELASTEND WIRD

Stellen Sie sich einmal vor, Sie würden bildhaft sehen, was Menschen denken, wie in den Gedankenblasen von Comics. Wie viele Blasen würden Sie sehen bei Menschen, die wartend an einer Bushaltestelle stehen oder im Zug sitzen? Bei Menschen, die mit ihren Handys oder Tablets beschäftigt sind? Bei Menschen, die mit ihren Sorgen befasst sind? Bei manchen Menschen würde man vermutlich eine ganze Menge Gedankenblasen auf einmal sehen, weil so viele Geschichten und Gedanken durch ihren Verstand drängen. Sehr viele von ihnen sind im Overthinking-Zustand. Das Denken ist für sie zu einer Belastung geworden. Und diese Belastung kann sich vielfältig zeigen.

In den vergangenen Jahren haben die Informationen, die auf uns einströmen, deutlich zugenommen. In jeder kleinen Pause können wir unser Handy zücken und uns auf vielfältige Weise mental beschäftigen. Wir können die neusten Bilder hochladen oder am Leben anderer teilnehmen. Wir können uns vergleichen und bewerten, ob wir mit dem Leben der anderen mithalten können oder nicht. Wir können uns ablenken mit Spielen, Podcasts oder Serien. Es wird auf jeden Fall nie langweilig für unseren Geist. Wir können zu jeder Zeit in irgendeine Geschichte eintauchen.
Aber auch am Arbeitsplatz haben für die meisten die mentalen Anforderungen zugenommen. Wo früher ein Formular genügte, sind heute bestimmt vier notwendig. Auch die Digitalisierung hat an den meisten Arbeitsplätzen zu einer deutlichen Zunahme der Bürokratie geführt. Ökonomisierung, Arbeitsverdichtung und Mental Overload sind die Schlagwörter. Viele Menschen in der Pflege oder Kita, in der Ergopraxis oder im Architekturbüro arbeiten am Limit, getrieben von hohem Zeitdruck und ständigen Unterbrechungen. Wenn die ganze Herde rennt, fällt es dem einzelnen Schaf schwer, langsam zu gehen.
Es gibt aber auch die Menschen, die nicht mehr mitkommen. Die an dem Rennen nicht mehr teilnehmen können oder wollen. Die sich abgehängt fühlen. Das hat häufig wirtschaftliche und mentale Auswirkungen. Manche zweifeln an sich selbst, fühlen sich minderwertig und blicken sorgenvoll in die Zukunft.

Das Overthinking nimmt oft genau dann zu, wenn wir uns überfordert und kraftlos fühlen.

Beim Overthinking werden wir von unserem Denken regelrecht beherrscht. Wir denken unproduktiv, oberflächlich, in Schleifen und Wiederholungen, Gedankengänge werden zugleich ständig unterbrochen, ohne dass wir zu einem Ergebnis kommen. Man würde nie von Overthinking reden, wenn ein Freund uns begeistert wiederholt von seiner neuen Freundin erzählt. Wenn er uns hingegen von seinen großen Entscheidungsschwierigkeiten berichten würde, welche Frauen er daten soll, ohne wirklich etwas zu unternehmen, würde uns vermutlich eher einfallen, dass er zu viel denkt und zu wenig ins Handeln kommt. Im Overthinking merken wir oft nicht, dass wir bewerten und uns damit selbst wehtun. Denn bewertende Gedanken sind meist mit Emotionen verbunden – und das sind nicht gerade positive Gefühle. Bewertungen der eigenen Person, wie »Ich bin nicht gut genug«, verursachen Minderwertigkeitsgefühle oder auch Schamgefühle. Vor allem unsere Bewertungen entscheiden darüber, wie wir uns fühlen. Wenn uns ein Missgeschick passiert, ist das ärgerlich, aber wenn wir uns dann noch zusätzlich kritisieren und abwerten, sorgt das für weitere negative Gefühle. Wenn wir eher optimistisch auf uns und die Welt blicken, sehen wir viel mehr das, was gelingt, was wir können und wie wir Ziele erreichen.

REFLEXION

Bewertungen bewusst machen

Machen Sie sich zunehmend bewusst, wenn Sie sich selbst oder jemand anderes bewerten. Wie geht es Ihnen, wenn eine Bewertung ins Spiel kommt? Welche Empfindungen sind damit verknüpft? Es ist also nicht schlimm zu bewerten. Es passiert einfach. Aber es ist hilfreich, es sich nach und nach bewusst zu machen.

REFLEXION

Selbsttest: Denkgewohnheiten

Bevor wir uns verschiedene Denkstile anschauen, machen Sie am besten einen Selbsttest und finden Sie heraus, welche Denkgewohnheiten auf Sie zutreffen. Geben Sie spontan an, welche dieser Sätze und Gedanken auf Sie persönlich wie stark zutreffen. Tragen Sie jeweils eine Zahl zwischen 0 und 4 ein.

4 Punkte: stimmt genau
3 Punkte: stimmt weitgehend
2 Punkte: stimmt ein bisschen
1 Punkt: stimmt eher nicht
0 Punkte: stimmt überhaupt nicht

Denkgewohnheit 1

Ich kann mich vertieft mit etwas beschäftigen und komme meistens zu einer Lösung.
Ich kann an einem Thema dranbleiben und wenn ich abgelenkt werde, kehre ich danach zu meinem Thema zurück.
Wenn ich vor einem Problem stehe, dann denke ich sachlich darüber nach und suche nach einer Lösung.
Wenn ich vor einer Herausforderung stehe, beschäftige ich mich damit, wie ich sie löse.

Denkgewohnheit 2

Mir fällt es schwer, länger bei einem Thema zu bleiben und es gewissenhaft zu Ende zu bringen.
Ich habe nicht die Konzentration und Ausdauer, ein Buch zu Ende zu lesen.
Wenn ich mir einen Film ansehe, dann scrolle ich nebenher durch die Nachrichten auf dem Handy.
Ich lasse mich leicht unterbrechen und ablenken.

Denkgewohnheit 3

Ich vergleiche mich oft mit anderen.
Ich kritisiere mich oft selbst.
Fehler kann ich mir ganz schlecht verzeihen.
Oft denke ich, dass ich nicht gut genug bin.

Denkgewohnheit 4

Gedanklich beschäftige ich mich oft mit Ereignissen der Vergangenheit.
Ich denke oft darüber nach, warum das Leben so gelaufen ist und nicht anders.
Nachträglich frage ich mich oft, warum ich so und nicht anders gehandelt habe. Warum ich das gesagt habe und nicht etwas anderes.
Manche Ereignisse der Vergangenheit kann ich nicht akzeptieren und ruhen lassen.

Denkgewohnheit 5

Ich stresse mich oft durch sorgenvolle Gedanken über die Zukunft.
In Gedanken gehe ich häufig alles durch, was schieflaufen könnte.
Bei alltäglichen Herausforderungen male ich oft Katastrophenszenarien an die Wand.
Oft denke ich: »Wie furchtbar!« »Wie schrecklich!«

Denkgewohnheit 6

Oft fühle ich mich unsicher und zweifle an mir selbst.
Ich zweifle oft an meinem eigenen Verhalten, ob ich zum Beispiel die Tür abgeschlossen oder den Herd ausgemacht habe.
Ich kann mich oft nicht entscheiden und zweifle daran, ob ich das Richtige tu.
Wenn ich zweifle, recherchiere ich viel im Internet oder frage mehrere andere Menschen.

Auswertung

Zählen Sie nun die Punkte in den einzelnen Kategorien zusammen:

Punkte für Denkgewohnheit 1: ____________

Punkte für Denkgewohnheit 2: ____________

Punkte für Denkgewohnheit 3: ____________

Punkte für Denkgewohnheit 4: ____________

Punkte für Denkgewohnheit 5: ____________

Punkte für Denkgewohnheit 6: ____________

Je höher Ihre Punktzahl in den einzelnen Kategorien ist, desto ausgeprägter ist die jeweilige Denkweise – und damit in den Fällen 2 bis 6 auch der jeweilige Saboteur. Was sich hinter den einzelnen Denkarten genau verbirgt, erfahren Sie im folgenden Kapitel. Dies sind die sechs Denkgewohnheiten:

Denkgewohnheit 1: vertieftes, lösungsorientiertes Denken
Denkgewohnheit 2: oberflächliches, unterbrochenes Denken
Denkgewohnheit 3: selbstkritisches, vergleichendes Denken
Denkgewohnheit 4: grübeln
Denkgewohnheit 5: sich sorgen
Denkgewohnheit 6: zweifeln

DENKART 1: VERTIEFTES, LÖSUNGSORIENTIERTES DENKEN

Sie sitzen mit Freunden zusammen und spielen Karten. Natürlich denken Sie darüber nach, wie Sie den nächsten Stich machen. Sie nutzen Ihr Denken als Werkzeug. Oder Sie planen eine Dienstreise. Dafür nutzen Sie Ihr problemlösendes Denken. Es spielt auch eine Rolle beim Lösen von Mathematikaufgaben, beim Ausfüllen von Formularen oder beim Befüllen der Spülmaschine. Sie suchen für eine bestimmte Situation eine Lösung, die häufig mit einer Handlung verbunden ist – eben der Dienstreise oder dem Ausspielen einer Spielkarte. Oft erhalten wir für die jeweilige Handlung auch eine Rückmeldung. Die geplante Reise hat vielleicht gut geklappt, war aber teurer als erwartet. Sie legen eine Karte, Ihr Spielgegner hat aber noch das Trumpf-Ass und sticht.

Wir schulen unser vertieftes, lösungsorientiertes Denken, indem wir immer neu erkennen, was die Situation erfordert, und uns darauf einstellen. Wir lernen aus jeder Situation. Für eine längere Radtour mit meiner Familie zum Beispiel war einiges an Planung erforderlich: um das Gepäck auf die Räder zu verteilen, die Strecke festzulegen, auf das Wetter zu achten, die Unterkünfte zu bestimmen … Doch je öfter wir solche Radtouren machen, desto einfacher wird die Planung. Planerisches Denken ist vor allem durch Wie-Fragen gekennzeichnet: Wie komme ich von A nach B? Wie repariere ich eine kaputte Bremse? Wie bitte ich meinen Chef um eine Gehaltserhöhung? Die Situation vor Augen, suchen wir eine passende Lösung. Die Bewertung der eigenen Person spielt dabei keine Rolle. Es geht um eine funktionierende Lösung, die zum Ziel führt. Denken ist dabei sehr praktisch und funktioniert wie ein Werkzeug.

Im Verlauf dieses Buches werden wir immer wieder auf diese Qualität des Denkens zurückkommen, die für uns sehr hilfreich und nützlich ist. Wenn wir das Denken als Werkzeug nutzen, unterscheidet sich das deutlich davon, wenn das Denken uns beherrscht und tyrannisiert.

REFLEXION

Überlegt Denken

Wann macht es Ihnen Freude, Ihr Denken als Werkzeug zu nutzen – bei der Arbeit, aber auch in der Freizeit? Ich schreibe gerade an diesem Buch, es ist das Ergebnis von viel Nachdenken. Mir macht es große Freude, mich in bestimmte Themen zu vertiefen, darüber nachzudenken und ein tieferes Verständnis zu entwickeln. Kennen Sie das auch? Vielleicht im Bereich der Musik, der Natur oder Technik? Wozu nutzen Sie gern Ihr lösungsorientiertes Denken, um etwas besser zu verstehen und zu begreifen? Kennen Sie das auch, dass Denken dann mit Neugier und Interesse verbunden ist, mit einer beflügelnden Energie, mit der Freude, etwas Neues zu entdecken?

DENKART 2: OBERFLÄCHLICHES, UNTERBROCHENES DENKEN

Mark wacht um 6.30 Uhr auf. Im Halbschlaf greift er zu dem schwarzen, rechteckigen Gerät, das auf seinem Nachttisch liegt. Er checkt die Spielstände und die eingegangenen Nachrichten. Gibt es auf Instagram, Snapchat oder TikTok etwas Neues? Obwohl er bis 0.30 Uhr nachts gezockt hat, hat sich einiges getan. Schnell anziehen, auf den Stundenplan schauen, frühstücken und ein paar Sprachnachrichten versenden. Auf dem Weg zur Schule endlich die Spielstände korrigieren und die versäumte Zeit nachholen.

In der Schule herrscht Handyverbot. Das schwarze Gerät schlummert lautlos im Schulranzen. In den Pausen wird kurz gecheckt und die eingegangenen Nachrichten werden beantwortet. Während des Unterrichts wandert die Aufmerksamkeit immer wieder zu dem schwarzen Gerät.

Ein Buch scheint Mark wie eine endlose Wüste an Buchstaben ohne Sinn.

Man weiß: Jugendliche mit intensiver Handynutzung, die ihr Handy in der Schultasche haben, sind im Durchschnitt um eine Note schlechter in der Schule. Den Unterricht findet Mark wieder mal sehr langweilig, heimlich unterm Tisch wird gescrollt, werden kurze Filmchen angeschaut, witzige Bilder, Links und ein paar Nachrichten abgesetzt. Immer wieder wandert die Aufmerksamkeit mal in Richtung Unterricht.
Das Fußballspielen in der großen Pause findet zurzeit nicht statt, weil gerade kein Ball zur Verfügung steht und sich keiner darum kümmert. Mark verabredet sich mit ein paar Freunden zum Spielen – online.
Als die Schule endlich aus ist, werden kurz oberflächlich die Hausaufgaben abgehakt oder vergessen. Auf dem Heimweg Musikhören und endlich das nächste Level. Bilder und Links verschicken. Oder einfach Scrollen, was es so alles an Filmchen, Bildern und Nachrichten gibt. Die Zeit vergeht wie im Flug. Längere Videos sind Mark inzwischen zu langweilig. Die schaut er nicht an.
Eine solche Abkehr von der Tiefe ist nicht nur bei Schülerinnern und Schülern festzustellen. Informationsflut, ständige Unterbrechungen, Beschleunigung und Erschöpfung führen bei den meisten von uns heute zu einem oberflächlichen Denken. Das Denken als Werkzeug zu nutzen, gelingt nur noch bei einfachen Aufgaben. Wir können unsere Aufmerksamkeit immer weniger steuern.
Zielorientiertes und kreatives Arbeiten und Nachdenken mit echten Ergebnissen fordert längerfristige Aufmerksamkeit ohne Unterbrechungen. Nachdenken erfordert, dass wir immer wieder aufmerksam zum selben Thema zurückkehren und es von verschiedenen Seiten und

Perspektiven betrachten. Das ist aber nicht möglich, wenn wir laufend mit Informationen geflutet werden. Das mag sich zunächst spannend und aufregend anfühlen, oftmals viel aufregender als das reale Leben, das uns gerade umgibt. Wir haben das Gefühl, verbunden zu sein mit der Welt, es passiert immer irgendetwas, wir können Neues erfahren (auch wenn es oft noch so bedeutungslos ist).

Die vielen Nachrichten und Infos erzeugen ein Gefühl von Beschleunigung in uns. Wir wollen mithalten, den Puls der Zeit spüren und nichts verpassen. Nur kommt dadurch eine Spirale in Gang: Wir wechseln schnell den Fokus und werden zerstreut und oberflächlich, was uns zusätzlich beschleunigt. Sich dem zu entziehen, ist kaum möglich.

Auch in ihren Firmen und Büros werden die meisten von uns ständig unterbrochen und so zur Oberflächlichkeit und dem sogenannten Multitasking gezwungen. Sie versuchen, verschiedene Aufgaben parallel zu erledigen – was mehr Zeit braucht und sehr anstrengend und auslaugend ist. Erst wenn wir den Freund im Kopf entdecken, können wir diesen Kreisläufen ein Stück entkommen.

REFLEXION

Oberflächlich und zerfasert?

Beobachten Sie sich mal im Alltag: Wie leicht lassen Sie sich ablenken? Wie gut gelingt es Ihnen, sich auf eine Sache, die Sie tun wollen oder müssen, zu konzentrieren? Wie oft erlaubt Ihnen Ihr Umfeld keine vertiefte Aufmerksamkeit, weil beispielsweise in Ihrer Arbeit ständig Ablenkungen passieren? Und wie oft schaffen Sie es aus sich selbst heraus nicht mehr, konzentriert zu bleiben? Machen Sie einfach mal eine Bestandsaufnahme und sorgen Sie damit für mehr Bewusstheit.

DENKART 3: SELBSTKRITISCHES UND VERGLEICHENDES DENKEN

Vielleicht kennen Sie das: Sie sind eingeladen zu Freunden. Bei der Begrüßung zeigen sie Ihnen ihre neue schöne Wohnung. Im Laufe des Rundgangs taucht Unwohlsein auf. Die Wohnung ist wirklich sehr schön gestaltet. Parallel findet in Ihrem Kopf ein Vergleichsprozess statt und am Ende ist klar: Die Freunde haben eine viel schönere Wohnung. Vielleicht kritisieren Sie sich selbst, dass Sie sich zu wenig Mühe gegeben haben bei der Einrichtung Ihrer Wohnung. Oder dass Sie zu wenig verdienen für ein wirklich tolles Zuhause. In Ihrem Kopf hören Sie die Stimme Ihres inneren Kritikers – des »Feindes im Kopf«, den wir auch kennen sollten, wenn wir unseren »Freund im Kopf« nutzen wollen. Dieser Kritiker schafft es, von einer äußeren Sache wie der Wohnung unserer Freunde zur Bewertung (und meist Abwertung) unserer Person zu kommen. Plötzlich steht nicht mehr die Sache im Vordergrund. Nein, jetzt wird es persönlich. Wir vergleichen und nehmen eine Diskrepanz zwischen der Realität und dem wahr, was wir gern hätten, was wir gern verdienen würden oder wie wir gern aussehen oder sein würden.

Jeder von uns hat andere Klingelknöpfe, die seinen inneren Kritiker wecken. Für den einen ist es das Aussehen, für den anderen die Intelligenz oder die berufliche Leistung. Sobald sich eine Diskrepanz zwischen der wahrgenommen Realität und unseren Erwartungen und Wünschen zeigt, versucht uns diese kritische Stimme wieder auf Spur zu bringen. Ein gutes Beispiel bietet das Homeoffice mit seinen häufigen Onlinemeetings, bei denen man kontinuierlich das eigene Gesicht vor sich sieht. Viele sehen dabei vor allem ihre Fältchen oder andere vermeintliche Makel. Je höher der Anspruch an das eigene Aussehen ist, desto höher ist die Wahrscheinlichkeit, dass wir eine Diskrepanz zwischen Wunsch und Wirklichkeit entdecken. Das darauf folgende Missempfinden löst oft lange, nicht sehr angenehme Gedankenketten aus. Für viele sind Videokonferenzen genau deshalb erschöpfend und anstrengend.

REFLEXION

Die Falle der Selbstkritik

Achten Sie einmal darauf, welche Gedanken Ihnen durch den Kopf gehen, wenn ein Missgeschick passiert, wenn Sie etwas vergessen oder versäumt haben. Welche Gedanken tauchen unmittelbar in der Situation oder danach auf? Wann beginnt Ihr Verstand, Sie mit anderen zu vergleichen? Machen Sie sich klar: Es handelt sich bei dieser Stimme um Ihren inneren Kritiker. Es ist nicht Ihr bewusstes erwachsenes Ich.

Wenn wir Social-Media-Kanäle ansehen, rutschen wir besonders leicht in das selbstkritische, vergleichende Denken. Influencer setzen neue und oft sehr hohe Maßstäbe, die viele Menschen übernehmen. Insbesondere die Beschäftigung mit den technisch bearbeiteten, aufgemotzten Postings anderer kann in uns die Vorstellung wecken: So möchte ich auch aussehen. So möchte ich auch sein. Missempfinden und gedankliche Selbstkritik beginnen, automatisch springt unser inneres Selbstbewertungssystem an. Es wird natürlich auch aktiv, wenn wir beispielsweise eine Leistung abgeliefert haben (»War es gut genug?«) oder wenn wir eine Entscheidung gefällt haben (»War es wirklich richtig?«). Das Denken quält uns.

DENKART 4: GRÜBELN

Luka sitzt vor mir: »Warum hat mich meine Freundin nur verlassen?« Er kreist seit sechs Monaten um diese Frage. Seine Freundin hat ihm zwar gesagt, warum sie die Beziehung beenden möchte. Aber in Lukas Gedankenwelt kann das doch nicht alles sein. Er möchte sich ernsthaft mit der Trennung beschäftigen, er möchte an sich arbeiten und macht immer dasselbe Fass auf: »Warum hat mich meine Freundin wirklich verlassen?« Das Trickreiche an Warum-Fragen ist, dass es meist viele mögliche Antworten gibt, aber keine eindeutige. Auf die Frage »Magst du Zitroneneis?«, lautet die Antwort Ja oder Nein. Aber warum sich jemand in der Vergangenheit so und nicht anders verhalten hat, können wir in der Regel nicht mehr herausfinden, das heißt, wir können uns endlos mit der Warum-Frage beschäftigen.

Bei Social-Media-Aktivitäten taucht ebenfalls gern die Warum-Frage auf: Warum antwortet der andere nicht, obwohl er meine Nachricht gesehen hat? Warum habe ich so wenig Likes für meine Postings? Warum …?

Grübeleien werden schnell immer allgemeiner und abstrakter. Luka fallen andere Menschen ein, die ihn verlassen haben. Also hat es vermutlich etwas mit ihm zu tun. Wie die meisten Menschen landet er mit seinen kreisenden Gedanken bei sich selbst. Nach längerem Nachgrübeln denkt er, dass er nicht liebenswert sei und vermutlich auch in Zukunft keine Freundin finden wird, die länger bei ihm bleibt.

Es gibt viele unterschiedliche Warum-Fragen, die uns in die Grübelfalle führen: Warum sind andere glücklicher als ich? Warum musste das ausgerechnet mir passieren? Warum ist mir der Fehler im Meeting passiert? Warum stelle ich mich immer so dämlich an? Warum habe ich immer so schwierige Gedanken? …

Unsere Antworten auf die Warum-Fragen sind häufig selbstkritisch und selbstabwertend: Du bist nicht gut genug. Du bist nicht liebenswert. Das zeigt wieder, wie unfähig du bist. Solche Gedanken führen zu Minderwertigkeitsgefühlen, Schamgefühlen oder auch Trauer. Manchmal auch zu Wut auf sich selbst oder Selbsthass. Auch hier kommt das bewertende Selbstsystem ins Spiel. Wir fühlen uns nicht gut genug und dem Leben und seinen Anforderungen nicht gewachsen.

Nach der erwähnten Fahrradtour wäre ich als Grübler noch einmal alle Pannen und Fehlentscheidungen durchgegangen. Ich hätte mich gefragt: Warum haben wir uns verfahren? Warum habe ich den Weg an der Straße genommen, wäre der Weg am Fluss nicht viel schöner gewesen?

VERGANGENES EINFACH NICHT RUHEN LASSEN

Wichtig ist zu erkennen, dass sich Grübeln auf Vergangenes bezieht. Was passiert ist, ist passiert. Es lässt sich nicht mehr ändern. Die Freundin ist gegangen. Ich habe mich für den Weg an der Straße entschieden. Es geht darum, die Situation so anzunehmen, wie sie ist, und nicht ständig neue Warum-Fragen zu stellen. Und es geht darum, unseren gedanklichen Sprung zu erkennen – von der Sache zur Bewertung unserer Person. So entlarven wir den inneren Kritiker.

Warum-Fragen helfen uns meist auch nicht, die Dinge künftig anders oder besser zu machen. Die meisten Menschen werden durch Grübeln eher hilflos und passiv. Sie ziehen sich zurück, nach dem Motto: »Hat doch eh keinen Zweck.«

REFLEXION

Zwischen Vergangenheit und Zukunft

Halten Sie im Alltag immer wieder inne und machen Sie sich bewusst, in welcher Zeit sich Ihre Gedanken gerade bewegen. Sind Sie in der Vergangenheit, in der Gegenwart oder in der Zukunft?

Gibt es typische Grübelthemen, die Sie immer wieder in die Vergangenheit ziehen? Notieren Sie diese Themen.

Gibt es typische Sorgenthemen, durch die Sie eine Zeitreise in die Zukunft machen? Notieren Sie auch diese Themen.

Wenn Sie in den nächsten Tagen bemerken, dass wieder eines der Themen auftaucht, dann erinnern Sie sich: »Aha, ich bin gerade wieder bei Thema X.« Aus den automatischen Gedanken werden bewusste Gedanken. Sie können entscheiden, ob Sie weiter über Thema X nachdenken oder ob Sie sich mit etwas anderem beschäftigen wollen.

Es dauert oft sehr lange, bis ich Klienten wie Luka davon überzeugt habe, dass Grübeln nicht der tieferen Verarbeitung einer Angelegenheit dient. Nein, es ist meistens eine Wiederholung derselben Gedanken, wieder und wieder und wieder erlebt man dieselben abwertenden Gedanken. Viele Menschen sind völlig identifiziert mit ihren Gedanken. Sie glauben all ihren Grübeleien. Ihnen gelingt es nicht mehr, das Denken als Werkzeug zu nutzen. Das Grübeln hat die Führung übernommen – die Grübel-Overthinking-Falle.

DENKART 5: SICH SORGEN

Viel ängstliche Gedankenenergie geht in sorgenvolles Denken. Unsere Gedanken kreisen dann um mögliche Gefahren oder Gefährdungen unserer Ziele. Bei der erwähnten Radtour könnten verschiedene Gefahren und Schwierigkeiten eintreten. Ein Gewitter. Eine Panne. Oder sogar ein Unfall. Vorzusorgen ist daher bei so einem Unternehmen hilfreich: Regenjacken mitnehmen, die Räder überprüfen, Plan B bei Unwetter. Rutschen wir ins Overthinking, beschäftigen wir uns verstärkt mit den Gefahren. Wir machen uns Sorgen. Wir sehen uns dann schon im Starkregen mit Hagel nach einem sicheren Unterstand suchen. Alle sind nass und frieren. Diese Vorstellung ist so abschreckend, dass das ganze Unternehmen als viel zu gefährlich erscheint. Wäre es nicht doch besser, zu Hause zu bleiben?
Sorgenvolles Denken beschäftigt sich vor allem mit zukünftigen Ereignissen. Was passiert, wenn …? Das ist die Kernfrage. Was passiert, wenn ich bei der Präsentation einen Fehler mache? Was ist, wenn mein Sohn die Schule nicht schafft? Was passiert, wenn mein Unternehmen weiter Lieferschwierigkeiten hat? Sorgenvolles Denken spielt negative Ereignisse, die uns in der Zukunft treffen könnten, durch. Viele denken dabei: »Wenn ich mir das Schlimmste vorstelle, dann bin ich besser vorbereitet.« Was sie dabei übersehen, ist, dass das Gehirn laufend sorgenvolle und Katastrophengedanken produziert.

REFLEXION

Sorgenvolles Denken bemerken

Halten Sie gelegentlich inne, um sich bei sorgenvollem Denken zu ertappen. Bei welchen Themen tauchen Sorgen in Ihnen auf? Wo zieht es Sie in die Zukunft, die Sie als problematisch wahrnehmen? In diesen Fällen ist das sorgenvolle Denken aktiv und nicht Ihr erwachsener Ich-Anteil.

Sorgenvolle Gedanken führen nicht nur dazu, dass wir uns schlecht fühlen. Unser Geist kann oft nur schwer einschätzen, ob etwas nur ein Gedanke, eine Vorstellung von einem schlimmen Ereignis ist oder ob es real passiert. Wenn wir uns der Vorstellung des Hagelschauers hingeben, fühlt sich das sehr stressig an und macht Angst. Für unser Stress- und Alarmsystem sind Sorgen bereits Auslöser für Angst und Unsicherheit. Dabei sind die Sorgen meist völlig übertrieben und die entsprechenden Szenarien treten nicht ein.
Wenn Sorgen überhandnehmen, beherrschen sie mit der Zeit unser Denken. Die Welt erscheint uns als ein bedrohlicher Ort. Wir sehen uns selbst als klein und verletzlich. Das Angst- und Kontrollsystem übernimmt die Führung. Wir haben den Abstand zu unserem Denken verloren. Und erst der Freund im Kopf – das darf ich verraten – kann ihn wiederherstellen. Dazu bald mehr.

DENKART 6: ZWEIFELN

Ist das die richtige Kleidung für das Meeting mit dem Chef? Sie stehen vorm Spiegel und probieren nun schon die fünfte Bluse an. Unsicherheit und Zweifel nehmen eher zu. Stress. Sie laufen weiterhin ratlos zwischen Kleiderschrank und Spiegel hin und her. Kennen Sie so etwas?

Zweifel bezüglich der Zukunft münden oft in Sorgen. Und Zweifel bezüglich der Vergangenheit in Grübeleien.

Zweifel können sich auf viele Lebensbereiche beziehen. Sind Sie sicher, dass Sie die Herdplatte ausgeschaltet haben? Haben Sie auch wirklich das Auto abgeschlossen? War das richtig, was Sie geantwortet haben? Ist das Bild, das Sie posten möchten, okay? Oder sollten Sie besser erst noch Ihre Freundin fragen? Finden Sie sich in solchen Beispielen wieder? Oder was ist es bei Ihnen? Wo zweifeln Sie leicht?
Unsicherheit führt zu Zweifeln, während wir uns Klarheit und Eindeutigkeit wünschen. Je mehr wir zweifeln, desto mehr Zweifel tauchen letztlich auch auf.
Oft geht es darum, sich trotz der Unsicherheit einfach für etwas zu entscheiden – für die blaue Bluse im Meeting, für die Stelle mit der interessanteren Arbeit, aber leider mit der längeren Anfahrt … Leben bedeutet, Unsicherheiten tragen und tolerieren zu lernen.
Bin ich mit meiner Partnerin auch noch in zehn Jahren glücklich? Viele Zweifel stellen Fragen, die nicht beantwortbar sind. Auch durch weiteres Nachdenken bleibt ein Rest Unsicherheit, den es zu tolerieren gilt. Wenn wir lernen, unsere Unsicherheit auszuhalten, dann können wir auch gut mit unseren Zweifeln leben. Wenn wir allerdings versuchen, all unsere Zweifel abzusichern oder durch Kontrollen zu beseitigen, sind wir enorm beschäftigt. Wir landen dann in einem Teufelskreis aus Unsicherheit, Zweifel und Kontrolle. Der Ausweg besteht darin, dass wir eben lernen, mit Unsicherheiten zu leben. Und genau damit nähern wir uns erneut dem Freund in unserem Kopf an.

EIN AUSWEG
IST MÖGLICH UND SINNVOLL

Die meisten Menschen haben noch nie darüber nachgedacht, dass es unterschiedliche Denkarten gibt und dass uns einige davon schaden, wir sie aber dennoch leben. Luka zum Beispiel grübelt viel: »Ich will den Dingen auf den Grund gehen. Ich bin eben so. Ich war schon immer etwas ernsthafter als andere.« Die Art und Weise, wie wir denken, betrachten wir wie eine grundlegende Eigenschaft, die wir nicht verändern können. Marina lächelt wissend, als ich sie auf ihre Selbstzweifel anspreche: »Das kenne ich von mir, dass ich viel an mir zweifle und mich nach Entscheidungen oft frage, ob sie vielleicht falsch waren. Oft kritisiere ich mich dafür, dass ich so viel zweifle und unsicher bin.« Mark ist es selbst schon aufgefallen, dass er sich nicht lange auf etwas konzentrieren kann, ihm schnell langweilig wird und er abgelenkt ist. Bücher liest er gar nicht erst. Aber es gelingt ihm noch gut, auf all die Nachrichten zu reagieren. Er macht daher fast nur noch das, wofür das oberflächliche Denken ausreicht.

Unsere Denkweise ist aber keine Persönlichkeitseigenschaft, es ist eher eine Gewohnheit. Gewohnheiten laufen meist automatisch ab und sind uns wenig bewusst. Aber wir müssen nicht starr daran festhalten. So wie wir unsere Ernährungsgewohnheiten ändern können, können wir auch die Art und Weise verändern, wie wir denken.

Steven C. Hayes, vermutlich einer der einflussreichsten Psychologen der Gegenwart, spricht von psychischer Starrheit, die er als Nährboden für verschiedene psychische Probleme ansieht, für Angststörungen und Depression. Wenn wir an unseren Denkgewohnheiten festhalten, obwohl sie uns schaden, kann man das als psychische Starrheit bezeichnen. Und es muss nicht sein – denn es gibt den Freund im Kopf, der uns aus dieser Starrheit lösen kann. Wie starr Sie sind, zeigt zunächst der folgende Test.

REFLEXION

Selbsttest

Finden Sie heraus, wie flexibel oder starr, wie bewusst oder automatisch Sie mit Ihren Gedanken umgehen. Legen Sie fest, ob die jeweiligen Aussagen auf Sie zutreffen oder nicht. Antworten Sie mit Ja oder Nein.

Thema 1

Ich kann Problemthemen ruhen lassen und abends und am Wochenende abschalten.

Wenn ich bemerke, dass Nachdenken mich nicht weiterbringt, kann ich es lassen.

Nach der Arbeit kann ich gut umschalten und das Leben mit Freunden oder Familie genießen.

Negative Gedanken muss ich nicht bekämpfen, ich kann gut mit ihnen umgehen.

Ich kann damit leben, wenn es nicht die perfekte Lösung gibt.

Auswertung: Flexibler oder starrer Umgang mit Gedanken?

Wenn Sie drei oder mehr der Aussagen bejahen, weist das darauf hin, dass Sie flexibel mit Ihren Gedanken umgehen können. Sie können aus Gedankenketten aussteigen. Sie können es tolerieren, wenn es keine ideale oder perfekte Lösung gibt. Und Sie können negative Gedanken aushalten, ohne sie bekämpfen zu müssen. Sie neigen nicht zu Overthinking.

Wenn Sie weniger als drei der Aussagen bejahen, dann geht es Ihnen so wie vielen anderen. Ihnen fällt es schwerer, Abstand von Ihren Gedanken zu finden. Sie sind stark identifiziert mit Ihrem Denken und können schlechter loslassen. Sie gehen wenig flexibel mit negativen Gedanken um. Es lohnt sich für Sie ganz besonders, weiterzulesen und neue Perspektiven und Umgangsweisen mit Ihrem Denken kennenzulernen.

Thema 2

Wenn ich bei einer Arbeit unkonzentriert und abgelenkt bin, dann bemerke ich das.
Wenn ich in Eile bin, dann kann ich mich auch wieder beruhigen und den wichtigen Dingen meine Aufmerksamkeit schenken.
Ich höre darauf, was mir mein Körper sagt.
Ich bin mir unterschiedlicher Gefühle bewusst und kann sie gut unterscheiden.
Mir gelingt es oft, ganz bei einer Sache zu sein, und ich kann es dann auch genießen.

Auswertung: Bewusst oder wenig bewusst im Alltag?
Wenn Sie drei oder mehr der Aussagen bejahen, dann gelingt es Ihnen bereits gut, bewusst im Hier und Jetzt zu sein. Sie nutzen Ihre Fähigkeit zur Aufmerksamkeitslenkung. Sie können aussteigen aus ablenkenden Gedankenketten. Sie sind im Kontakt mit Ihrem Körper, Ihren Gefühlen, und können diese Signale bewusst wahrnehmen.
Wenn Sie weniger als drei Aussagen bejahen, dann fällt es Ihnen schwerer, bewusst in der Gegenwart zu sein. Sie sind mit der Aufmerksamkeit oft nicht bei der Sache. Sie haben wenig Kontakt zu Ihrem Körper und Ihren Gefühlen. Doch in Ihnen schlummert die Fähigkeit, gegenwärtig zu sein und den Moment zu genießen. Pflegen Sie sie. Wie die Rosen und Tulpen in einem Garten.

Thema 3

Wenn ich mich erschöpft oder überlastet fühle, bekomme ich das oft gar nicht mit.
Ich spüre wenig Gefühle im Alltag.
Ich bin oft von mir genervt, wenn ich mich schlecht fühle.
Ich sage oft zu mir: Reiß dich zusammen! Stell dich nicht so an!
Meine Gefühle und Bedürfnisse sind mir oft fremd. Ich weiß oft gar nicht, was ich will.

Auswertung: Akzeptierender oder ablehnender Umgang mit sich und dem eigenen Erleben

Wir haben es oft schwer, mit uns und unseren unangenehmen Gefühlen umzugehen. Am liebsten hätten wir nur positive Gefühle. Deshalb kann es ein Weg sein, sich innerlich zu verschließen, um die eigenen Empfindungen und Gefühle nicht so deutlich zu spüren. Wenn Sie bei drei oder mehr der Aussagen Ja sagen, fällt es Ihnen eher schwer, Ihre Empfindungen zu tragen oder zu tolerieren. Sie lehnen Ihr eigenes Erleben tendenziell ab. Vielleicht haben Sie auch bestimmte Strategien, um es zu betäuben. Leider hat diese Ablehnung ihren Preis. Sie verlieren den Kontakt zu sich selbst, ihren Gefühlen und Bedürfnissen. Häufig verlieren wir auch den Kontakt zu den positiven Gefühlen und der eigenen Lebensfreude. Hinzu kommt ein erhöhtes Depressionsrisiko. Es lohnt sich, bewusster, offener und annehmender zu werden und auch unangenehme Gefühle tragen zu lernen. Trauer, Angst und Wut gehören zu unseren Grundgefühlen. Es gibt kein Leben ohne sie.

Wenn Sie weniger als drei der Aussagen bejahen, haben Sie vielleicht schon gemerkt, dass es Ihr Leben bereichert, wenn Sie mit sich und Ihren Empfindungen im Kontakt sind. Ihnen sind Ihre Gefühle und Bedürfnisse nicht fremd, Sie haben einen Weg gefunden, offen und bereitwillig mit Ihrem Erleben umzugehen. In diesem Buch werden Sie weitere Anregungen für dieses Weg finden, um die positive innere Beziehung zu Ihrem Erleben zu stärken.

Eine positive Beziehung zum eigenen Erleben, das ist der Schlüssel zu einem erfüllten Leben.

WIE ENTKOMMEN WIR UNSERER SELBST ERSCHAFFENEN HÖHLE?

Wenn ich über Kopfkino und Starrheit nachdenke, fällt mir eine alte Geschichte ein: Menschen sitzen in einer Höhle gefangen. Sie können den Kopf nicht bewegen und starren auf eine Wand, gebannt von den Bildern und Schatten, die dort tanzen. Sie halten allein diese Projektionen für wahr.

Vor mehr als 2300 Jahren formulierte der griechische Philosoph Platon das hier sehr verkürzt wiedergegebene Höhlengleichnis. Es passt zu unserem Thema und zu uns Menschen, die gefangen sind in ihren eigenen Wahrnehmungen und Gedanken. Es gelingt ihnen nicht, den Kopf zu wenden, eine andere Perspektive einzunehmen oder gar die Höhle zu verlassen. Sie sitzen wie in Trance vor dem »Bildschirm« und können die Freiheit und Flexibilität, die sie von Natur aus in sich tragen, gar nicht nutzen.

Mir kommt es so vor, als ob wir eine Zeitreise gemacht hätten.

Wir haben durch all den enormen wissenschaftlichen und technischen Fortschritt nicht gelernt, unseren Kopf zu wenden, uns bewusst zu machen, was wir da eigentlich treiben, und den Ausgang aus der Höhle zu suchen, um das Sonnenlicht und die frische Brise direkt auf unserer Haut zu spüren. Wir starren weiterhin gebannt auf unsere Höhlenwände, auf unsere inneren und äußeren Bildschirme. All unser Wissen hilft uns nicht, bewusster und flexibler zu werden.

Vielleicht erscheint Ihnen nachvollziehbar, warum mir Platons Höhlenmensch wie ein naher Verwandter von uns Heutigen erscheint. Ich hoffe allerdings, dass Sie das Buch an dieser Stelle nicht resigniert zur Seite legen. Das Höhlengleichnis handelt nämlich auch davon, wie die Menschen sich befreien können, wie sie den Kopf wenden und den Weg aus der Höhle finden können. Wie kann das Erwachen aussehen? Das schauen wir uns im Folgenden an.

Entdecken Sie den bewussten Anteil in Ihnen

Die gute Nachricht lautet: Es gibt in uns verschiedene Möglichkeiten, unserer Höhle zu entkommen. Es gibt nämlich einen bewussten Anteil, einen kraftvollen Ort in uns, der uns herausführen kann. Und den gilt es wiederzuentdecken.

STEIGEN SIE AUS
DEM STROM DER GEDANKEN

Ich möchte Sie zu einem gedanklichen Experiment einladen: Stellen Sie sich einen Bahnhof vor, wo ständig Züge ein- und ausfahren. Sie stehen auf einem Bahnsteig und überlegen sich, in welchen Zug Sie einsteigen sollten, um zu Ihrem Ziel zu gelangen. Sie steigen ja sicherlich nicht in jeden haltenden Zug.

Und nun stellen Sie sich vor, all diese vorbeifahrenden Züge sind Gedanken und innere Bilder. Wenn Sie in einen solchen Zug einsteigen, dann steigen Sie in die Geschichte und die emotionale Welt ein, die mit dem jeweiligen Gedanken verbunden sind. Wenn Sie einmal in dem Gedankenzug sind, dann haben Sie den Abstand dazu verloren. Sie sind mittendrin. Der Zug ist im wahrsten Sinne des Wortes abgefahren und es dauert meist eine Weile, bis Sie wieder aussteigen können. Bis Sie sich also bewusst werden: Ah, das sind ja nur Gedanken. Erst wenn Sie das erkennen, gewinnen Sie Abstand und sind schon dabei, aus dem Zug zu steigen. Bleiben Sie aber gleich auf dem Bahnsteig stehen, können Sie den Zug vorbeifahren lassen und beoachten.

OBJEKTMODUS UND METAKOGNITIVER MODUS

Diese Zug-Metapher stammt von Adrian Wells, dem Begründer der Metakognitiven Therapie, und viele Menschen finden sie sehr hilfreich. Wenn wir automatisch in einen Gedankenzug einsteigen, wenn wir uns also komplett mit den Gedanken identifizieren und dabei vergessen, dass es ja nur Gedanken sind, bezeichnet Adrian Wells dies als Objektmodus (wir hatten im ersten Kapitel darüber gesprochen). Wir erleben das, was unsere Gedanken meinen, als vollkommen real. Das kann so

intensiv sein, dass allein eine Vorstellung intensive Gefühle hervorruft. In unserem Kopf taucht vielleicht die Erinnerung an ein peinliches Ereignis auf und wir fühlen uns wieder genauso unbehaglich wie damals, als es passierte. Wie schon beschrieben, kann der Objektmodus bei kreativen Prozessen hilfreich sein, aber meist ist er eher hinderlich.
Im metakognitiven Modus haben wir die Wahlfreiheit: Wir können aus dem Gedankenzug aussteigen. Wir merken, dass es nur innere Bilder und Geschichten sind, was da in unserem Kopf abläuft. Wir haben die Wahl. Im metakognitiven Modus ist uns durchgehend bewusst: Da sind automatische Gedanken, die durch unseren Geist ziehen. Wir können sie beobachten und vorbeiziehen lassen. Wir stehen gewissermaßen neben unserem denkenden Ich und können beobachten, wie Gedanken und Inhalte auftauchen. Das denkende Ich ist nicht mehr das Zentrum, um das sich alles dreht.
Ein weiterer Fachbegriff hier ist metakognitives Bewusstsein. Und wir können zwischen Objektmodus und metakognitivem Modus hin- und herwechseln. Wir können in einen Gedankenzug einsteigen und wir können jederzeit wieder aussteigen. Wir können einen (inneren) Kinofilm aus der dritten Reihe betrachten oder uns nach hinten setzen und mit großem Abstand auf die Leinwand sehen. Wir können aber auch das Kino verlassen. Das ist uns möglich, weil wir einen bewussten Anteil in uns tragen – den Freund in unserem Kopf.

DAS WAHRNEHMENDE BEWUSTSEIN

Wir sind mehr als unser plappernder Verstand, mehr als unsere automatischen Gedanken. Wir können aussteigen aus den Zügen, also gibt es etwas außerhalb des Denkens. Es gibt da einen Anteil, der bewusst die Gedanken wahrnimmt. Dann sind da die Gedanken und zugleich ist da dieser Anteil von uns, der diese Gedanken wahrnimmt, der bemerkt, dass dort Gedanken sind. Und genauso können wir auch unseren Körper und einzelne Teile davon wahrnehmen.

ERLEBEN

Wer nimmt hier wahr?

Lassen Sie uns einmal ganz praktisch das wahrnehmende Bewusstsein erleben. Lenken Sie Ihre Aufmerksamkeit jetzt gleich in Ihre Füße. Gelingt das? Sie bemerken einerseits Ihre Füße und andererseits ein beobachtendes, bewusstes Subjekt. Den Anteil von Ihnen, der gerade die Füße wahrnimmt.

Spielen Sie ein wenig damit und wandern Sie mit Ihrer Aufmerksamkeit durch Ihren Körper. Gehen Sie zum Beispiel in die Beine, das Becken, den Bauchraum, die Brust und dann die Schultern und Arme. Wenn Ihnen das gut möglich ist, können Sie die Aufmerksamkeit auch auf Körperempfindungen und Gefühle lenken. Vielleicht nehmen Sie im Brustraum eine gewisse Weite wahr oder vielleicht eine Wärme im Bauch. All das können Sie wahrnehmen und zugleich können Sie auch den Anteil bemerken, der dies alles wahrnimmt.

DAS ICH, DAS UNS EIN LEBEN LANG BEGLEITET

Es gibt in jeder und jedem von uns dieses bewusst wahrnehmende Subjekt. Doch wer oder was ist dieser innere Anteil? Wer ist es, der die Wärme im Bauch spürt, das Vogelgezwitscher draußen hört und die Weite im Brustraum erlebt? Haben Sie sich das schon einmal gefragt? Es ist ein Bewusstsein, dass uns unser Leben lang begleitet und zu jedem Zeitpunkt für uns zugänglich ist. Wir müssen uns nur daran erinnern und wir können diesen Zugang auch trainieren, um ihn im Alltag nicht immer wieder zu verlieren.

Sie nehmen die Welt immer aus einer bestimmten Perspektive wahr. Wenn Sie im Moment auf einem Stuhl sitzen und in diesem Buch lesen, dann ist das Ihr Standort. Wenn Sie aufblicken, dann sehen Sie vielleicht einen Tisch, einen Schrank oder das Fenster. Wenn Sie in eine andere Richtung schauen, dann ist dort vielleicht die Tür oder ein Regal. Die Objekte wechseln – das beobachtende Ich ist konstant. Sie nehmen die Dinge wahr. Das wahrnehmende Ich ist immer das gleiche.

Manche Forscher sprechen hier von einer Ich-Perspektive, von der aus Sie alles erleben, was Sie eben erleben, ob Sie Fahrrad fahren, einkaufen oder eine Weltreise machen. Während Sie auf Ihrem Stuhl sitzen, können Sie sich daran erinnern, dass Sie gestern bei der Post waren und ein Paket weggeschickt haben. Auch diese Erinnerung erleben Sie aus der Perspektive, wie Sie vor dem Schalter standen und ungeduldig den Postangestellten beobachtet haben. Und wir können auch weiter zurückgehen: Ich kann mich beispielsweise daran erinnern, wie ich im letzten Sommer nach einer langen Wanderung endlich auf den ersehnten Bergsee blicken konnte. Im Laufe der Wanderung veränderte sich immer wieder der Blick auf den See, konstant blieb aber das Ich-blicke-auf-den-See-Erleben. Konstant blieb meine Ich-Perspektive, die ich auch jetzt wieder erlebe, wenn ich mich an damals erinnere.

Alles, was wir erinnern, haben wir aus der Ich-Perspektive erlebt.

Wir sind älter geworden, vieles hat sich verändert, was aber stabil und konstant geblieben ist, ist unsere Perspektive auf die Welt. Unser wahrnehmendes Ich begleitet uns zu jeder Zeit. Dieser bewusste Anteil in uns war und ist immer da.

*Ist das nicht beruhigend?
Es gibt eine Konstante in uns,
die uns einfach still und bewusst begleitet.*

Der systemische Familientherapeut Richard Schwartz konnte sehr viele Erfahrungen mit Familien und Einzelpersonen sammeln, die er mit ihren unterschiedlichen inneren Anteilen, insbesondere dem inneren Kritiker und dem verletzten inneren Kind, vertraut machte. Wenn er diese Menschen nach einer Zeit bat, zu diesen einzelnen inneren Anteilen Abstand zu nehmen, dann erlebten die Klienten meist einen Zustand voller Sanftheit und Mitgefühl. Sie hatten zu ihrem erwachsenen beobachtenden Selbst gefunden, das ihnen ganz vertraut war.
An dieser Stelle tat sich für ihn ein enormes therapeutisches Potenzial auf, dass er und viele Therapeutinnen und Therapeuten nach ihm seither nutzen. Wenn wir nämlich zu diesem inneren Anteil, zu diesem wahren Selbst in uns vordringen, dann sind wir wirklich handlungs- und entscheidungsfähig. Es ist, als ob wir in diesem Zustand einfach klar wüssten, was für uns richtig ist und was wir tun sollten.

Der Freund in Ihrem Kopf

Die Qualitäten dieses erwachsenen Anteils können Ihnen helfen, die Sackgassen der leidvollen Denkgewohnheiten zu verlassen. Das lohnt sich sehr, Sie lernen damit nämlich,

- auszusteigen aus Gedankenketten,
- die Perspektive zu wechseln,
- mit Gefühlen umzugehen,
- empathisch wahrzunehmen,
- sich verbunden zu fühlen,
- einen Ort im eigenen Inneren zu finden, der in all den Veränderungen stabil bleibt.

DIE PERSPEKTIVE WECHSELN

Wir können immer wieder damit experimentieren, die Perspektive zu wechseln. Stellen Sie sich beispielsweise einen Moment aus Ihrer Kindheit oder Jugend vor. Vielleicht sehen Sie sich, wie Sie mit anderen Kindern spielen oder in Ihrem Kinderzimmer am Tisch sitzen. Während Sie sich das vorstellen, sind Sie der Beobachter oder die Beobachterin dieser Szene. Aus dem Hier und Jetzt heraus betrachten Sie Ihr jüngeres Selbst. Sie nutzen die einzigartige Fähigkeit des Menschen, Ihr Ich aus einem Abstand heraus zu betrachten. Immer in dem Bewusstsein, dass die damalige Szene in der Vergangenheit liegt und Sie am heutigen Tag darauf blicken.

Verschiedene psychotherapeutische Richtungen nutzen diese Fähigkeit beispielsweise dafür, dass wir von unserem heutigen erwachsenen Ich aus auf verletzte kindliche Anteile in uns blicken und uns fürsorglich um sie kümmern. In der Schematherapie beispielsweise unterscheidet man zwischen dem gesunden Erwachsenen, der im Hier und Jetzt verankert ist, und dem verletzten oder glücklichen inneren Kind, dem dieser Erwachsene mitfühlend begegnet.

Aus diesem bewussten Ich-hier-jetzt erwächst auch die Fähigkeit, die Perspektive eines anderen einzunehmen. Ich-hier-jetzt sehe beispielsweise die Mimik und Gestik einer Freundin, wenn sie von ihrer Scheidung erzählt, und ich kann die Gedanken, die Gefühle und den Schmerz miterleben. Ich fühle mit und bin mir bewusst, dass ich die Sicht meines Gegenübers wahrnehme und nicht meine.

Wenn wir sehen, wie jemand über die Bordsteinkante stolpert und auf die Knie stürzt, dann durchströmt uns ebenfalls ein Schmerzgefühl. Wir fühlen und schwingen mit dem Erleben des anderen mit. Neurophysiologen haben eine dafür verantwortliche Struktur in unserem Gehirn

entdeckt, das System der Spiegelneurone, die uns Mitgefühl, Beziehung und Resonanz ermöglichen. Die biologische Hardware unseres Gehirns ist offenbar darauf ausgerichtet, viele verschiedene Perspektiven einzunehmen und mit anderen mitzufühlen und mitzuschwingen. Ist das nicht eine wunderbare Fähigkeit unseres Bewusstseins?
Ich liege im Freibad und denke über diese Dinge nach. Ich kann von meinem Platz aus sehen, wie Kinder vor Freude quietschend und lachend die Rutsche heruntersausen und ins Becken platschen. Die Freude ist ansteckend. Am Beckenrand sehe ich eine Schar Kinder Ball spielen. Ein Junge steht daneben und sieht neugierig zu. Er würde gern mitspielen, aber er traut sich nicht. Er möchte dazugehören und doch gelingt es ihm nicht. Ein älterer Mann sitzt im Rollstuhl unter einem schattigen Baum, seine Frau cremt ihn fürsorglich mit Sonnencreme ein. Er lächelt. Die Frau hält liebevoll seine Hand.
Irgendwie fühle ich mich verbunden mit den anderen Badegästen.
Ich empfinde Dankbarkeit dafür, dass mein Organismus durchzogen ist von Nervenbahnen, die dieses Erleben ermöglichen. Mir kommt es manchmal so vor, als ob mein ganzer Organismus ein Wahrnehmungsorgan ist, das nur dazu da ist, Bewusstheit zu ermöglichen.

UNSER BEWUSSTES ICH IST GRÖSSER ALS ALLES, WAS WIR ERLEBEN

Wir können aus dem Fenster schauen und einen Baum sehen. Wir können uns bewusst machen, welche Gedanken uns gerade durch den Kopf gehen. Das Bewusstsein ist immer größer als die verschiedenen Gedanken und Inhalte dieses Bewusstseins. Es ist wie ein See. Stellen Sie sich einen schönen Waldsee vor. Der Wind weht über das Wasser, die Wellen kräuseln sich, Kinder werfen Steine, die kleine Wellen verursachen. Enten schwimmen über den See.
Der See ist vergleichbar mit Ihrem Bewusstsein. Die Wellen, Strudel und Strömungen sind wie die Gedanken, Gefühle und Stimmungen, die auf-

kommen und wieder vergehen. Der See reflektiert die Sonne, die Wolken oder Bäume. Wenn wenig los ist, wird der See ruhig, keine Wellen kräuseln sich auf der Oberfläche. Dann ist das beobachtende Selbst in seiner Klarheit und Ruhe spürbar. Wenn viel los ist, wenn Hektik, Stress und die Stürme des Alltags toben, dann sind auf der Oberfläche des Sees Wellen zu sehen. Unser Bewusstsein nimmt Stress und Hektik wahr. Wellen durchströmen es. Und der See ist doch viel größer als die Wellen, die auf seiner Oberfläche zu sehen sind. Auch diese Wellen werden sich wieder beruhigen und die Oberfläche wird wieder ruhig und klar.

Ein anderes Bild, das häufig für die Weite des Bewusstseins verwendet wird, ist der Himmel. Er ist viel größer als alle Wolken, die ihn durchziehen. Unser innerer Himmel ist zeitweise von Sorgen verdunkelt, wir können das Blau und die Weite nicht mehr sehen. Das Wetter ändert sich ständig, so wie unsere Stimmungen, Gefühle und die Probleme, die uns beschäftigen. Mal donnert und gewittert es, dann scheint wieder die Sonne. Der Himmel bleibt immer gleich. Er ist weiter und größer als jede Regenfront.

All diese Bilder und Metaphern sollen uns helfen, den bewussten Anteil in uns zu entdecken. In unserem Bewusstsein gibt es Raum für die unterschiedlichsten Inhalte, Gefühle und Gedanken. Dieser Raum ist immer größer als die Inhalte. Das ist besonders wichtig, wenn wir schmerzhafte Gefühle erleben. Dann fühlen wir uns manchmal überflutet und ganz davon eingenommen. Umso wichtiger ist es, den Raum kennenzulernen, in dem wir auch mit solchen Gefühlen einfach sein können.

Sie tragen eine Weite und Bewusstheit in sich, die größer ist als jedes Phänomen, das in Ihrem Erleben auftaucht.

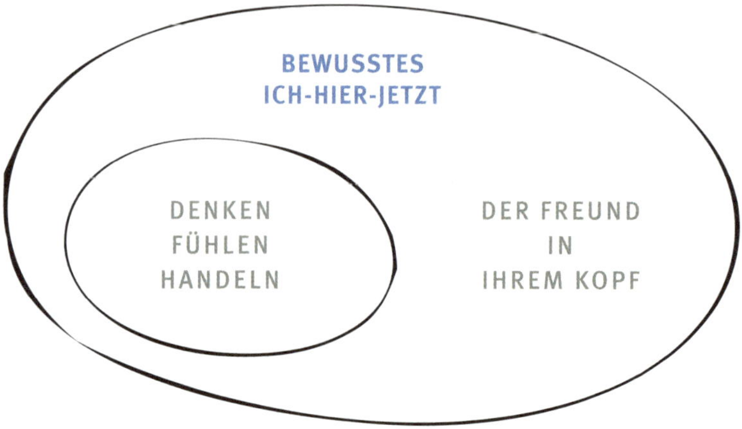

VERÄNDERTES SELBSTERLEBEN

Denken, Fühlen und Handeln finden im Raum des beobachtenden Selbst statt. Denken ist gewissermaßen nur ein Punkt, das beobachtende Selbst aber ein weiter offener Raum. Es ist wie der Himmel – weit und offen –, über den Wolken ziehen.

Unser menschliches Bewusstsein ermöglicht es uns, dass wir uns verbinden: mit diesem Ort der Weite und der Offenheit, mit diesem Moment, mit all den Gedanken und Gefühlen, die gerade da sind. Wir können sie vorurteilslos wahrnehmen und erleben. Unser Bewusstsein ermöglicht es uns, sogar für unsere Fehler und Missgeschicke offen zu sein, ohne dass wir uns darüber definieren.

Wenn wir ein brüchiges Selbstwertgefühl haben, dann definieren wir uns über unsere Noten, unser Aussehen, über unsere Erfolge oder unsere Besitztümer. Wir versuchen uns vor jeglichem Versagen, vor Misserfolgen, vor dem Älterwerden und so weiter zu schützen. Aus dem erwachsenen Bewusstsein heraus entsteht ein viel stabileres Selbstwertgefühl, das sich immer wieder neu aus der Offenheit und der freundlichen Verbundenheit mit dem Hier und Jetzt und den Menschen

um uns her speist. Für den Himmel sind Erfolge und Misserfolge wie Wolken, die vorbeiziehen. Für das weite Bewusstsein sind Trauer und Angst vorübergehende Empfindungen, die kommen und gehen.
Ist es nicht ein reicher Schatz, den Himmel in sich zu tragen? Dieses Selbst-Bewusstsein ist ein Ort, von dem aus wir der Welt begegnen können, ohne uns den Kopf darüber zu zerbrechen, was andere über uns denken, vor wem wir uns schützen müssen und welche Fehler uns nicht mehr passieren dürfen. Wir können uns vielmehr daran orientieren, was uns am Herzen liegt und was uns wichtig ist.
Aus dieser freundlichen Offenheit können echte Begegnung und Verbundenheit entstehen. Denn wir alle tragen dieses menschliche Bewusstsein in uns. Unser menschliches Bewusstsein ist ein Ort, von dem aus wir Zugehörigkeit erfahren. Wir verbinden uns mit der Erfahrung unseres Menschseins, das wir mit allen anderen Menschen teilen.

DER FREUND IN IHREM KOPF

Sie wissen es längst: Dieses erwachsene, mitfühlende, weite Bewusstsein – das ist der Freund in unserem Kopf, von dem dieses Buch handelt. Mein Kernanliegen ist es, mit Ihnen diesen bewussten Anteil zu erkunden und ihn erlebbar zu machen. Ihn als eine freundliche Kraft zu entdecken, die wir seit Kindesbeinen in uns tragen und die evolutionär auf wunderbare Weise in uns entstanden ist. Dieses wahrnehmende Subjekt ist uns in unserem heutigen Alltag kaum präsent, dabei ist es uns so einfach zugänglich und elementar wichtig für uns.
Dieses bewusste Subjekt, das uns unser ganzes Leben lang begleitet, wird in verschiedenen Therapieansätzen beschrieben und unterschiedlich benannt. Die Akzeptanz- und Commitmenttherapie (ACT) spricht vom beobachtenden Selbst. In Achtsamkeitsansätzen wird dieser Anteil der innere Beobachter genannt. Achtsamkeit und dieser bewusste Anteil gehören zusammen, Achtsamkeitslehren schulen diese Seite unseres Erlebens. Bei jeder Achtsamkeitsübung geht es darum, aufmerksam

etwas wahrzunehmen, beispielsweise den Atem. Wir nehmen ihn wahr und wissen gleichzeitig um den Ort, von dem aus wir wahrnehmen. Es gibt dieses bewusste Ich-hier-jetzt.

Erfahren wir das bewusste Selbst, wird das in der Schematherapie als der Erwachsenen-Modus bezeichnet, im Unterschied zu verschiedenen anderen Modi, in die wir unbewusst hineingeraten, wie den Kind-Modus oder den Modus des kritischen Eltern-Ich oder den verschiedener schützender Anteile, die uns mit der Zeit immer mehr vom Leben abschotten.

Richard Schwartz, der Begründer der Internal Family Systems Therapy (IFS) bezeichnet den bewussten Anteil als das Selbst. Er stellte oft fest, dass Psychotherapien wie von selbst liefen, wenn Menschen diesen bewussten Anteil entdeckten und aus diesem unverletzbaren Wesenskern heraus ihren emotionalen Verletzungen begegneten. Es ist, als ob die Menschen damit den heilsamen Ort in sich finden, von dem aus sie die anderen inneren Anteile fürsorglich versorgen können. Aus der Sicht von Richard Schwartz genügt es bereits, das Selbst zu etwa 30 Prozent erschlossen zu haben.

Bei all diesen therapeutischen Ansätzen geht es darum, diesen verschütteten bewussten Anteil wieder freizulegen. Aber auch spirituelle und philosophische Traditionen beschäftigen sich intensiv damit. Ich selbst schreibe dieses Buch aus der Perspektive eines Psychologen und Psychotherapeuten und möchte Sie ermutigen, diese Sichtweise mit Ihrer philosophischen, religiösen oder spirituellen Weltsicht zu verbinden.

Erleben Sie das Ich-hier-jetzt,
wann immer es Ihnen einfällt.
Je öfter, umso besser.

Auf einen Blick

Denken, Fühlen und Handeln laufen in unserem Selbsterleben sehr häufig unbewusst und automatisch ab. Wir können vor dem Fernseher sitzen und Chips essen – und dabei bemerken wir vielleicht gar nicht, was und wie viel wir so nebenbei in uns hineinstopfen. Wir empfinden nicht unsere Anspannung oder Müdigkeit. Unser Fühlen und Handeln sind uns in diesen Momenten meist wenig bewusst und wenn der Film langweilig ist, schweifen wir vermutlich auch da gedanklich ab, ohne das bewusst zu bemerken.

Durch etwas mehr Aufmerksamkeit können wir uns das, was automatisch oder unbewusst abläuft, bewusst machen. Wir können die würzigen Chips im Mund spüren und wir können bemerken, dass wir gelangweilt und müde sind. Indem wir das Scheinwerferlicht der Aufmerksamkeit auf verschiedene Facetten unseres Erlebens lenken, werden wir uns der momentanen Realität bewusst. Wir aktivieren das Ich-hier-jetzt.

Dieses beobachtende Selbst kann die Aufmerksamkeit nach außen richten, dann erleben Sie bewusst mit allen Sinnen die Welt aus der Perspektive, von dem Standort aus, wo Sie sich gerade befinden. Sie können zum Beispiel den Raum wahrnehmen, der Sie umgibt.

Das beobachtende Selbst kann sich aber auch nach innen richten und Sie nehmen Ihre Körperempfindungen oder Ihre Körperposition wahr. Das beobachtende Selbst nimmt Gefühle, Stimmungen und Gedanken bewusst wahr, die in diesem Moment auftauchen. Aus ihm heraus können Sie für Abstand sorgen oder sich intensiv mit gedanklichen Inhalten oder Gefühlen beschäftigen. Sie haben die Wahl. Sie haben einen Freund in Ihrem Kopf entdeckt, der immer für Sie da ist, wenn Sie sich ihm zuwenden.

GEDANKEN
GEFÜHLE
HANDELN

Die Gangschaltung unseres Geistes

Im vorhergehenden Kapitel haben wir zwischen den Wolken und dem Himmel unterschieden – zwischen dem bewussten Anteil und den Inhalten des Bewusstseins. Nun geht es darum, die verschiedenen Inhalte zu unterscheiden und die Gangschaltung unseres Geistes zu entdecken. So wird das theoretische Wissen um den Freund im Kopf immer praktischer nutzbar.

DIE OBJEKTE
DES BEWUSSTSEINS

Die meisten Räume sind vollgestellt mit Gegenständen – mit Tischen, Stühlen, Schränken und so weiter. Ähnlich ist es auch mit unserem Bewusstsein, es enthält »Möbelstücke«, also Objekte und Inhalte. Es sind die Wolken, die am Himmel vorbeiziehen, die Züge, die durch den Bahnhof fahren, die Erlebnisse, die im Erlebnisraum auftauchen und wieder verschwinden: Gefühle, Stimmungen, Gedanken, Bewertungen, Impulse, Vorstellungen, Handlungen, Verhaltensweisen … Weil wir all diese Facetten bewusst erleben können, können wir sie unterscheiden. In der Verhaltenstherapie wird an dieser Stelle häufig das Dreieck des Erlebens von Aron Beck verwendet. Er gilt als Begründer der Kognitiven Verhaltenstherapie. Dieses Grundmodell unterscheidet drei Bereiche, die unser Grunderleben prägen: unser Denken (Bewertungen, automatische Gedanken und so weiter), unser Fühlen (Grundgefühle, Körperempfindungen, Stimmungen und so weiter) und unser Verhalten (Handlungen, Gewohnheitshandeln wie Essen oder Gehen und planvolles Handeln und so weiter).

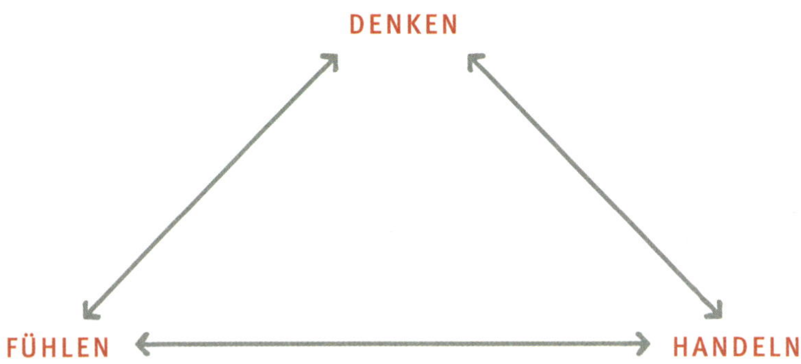

Auf diesen Grunderfahrungen aufbauend entwickelt sich ein spezifisches Ich- und Selbsterleben. Über die Jahre bilden sich dann Erinnerungs- und Gedächtnisspuren, wir entwickeln die einzelnen Bereiche des Ich- und Selbsterlebens: denkendes Ich, emotionales Ich und handelndes Ich.

DAS DENKENDE ICH

Wir können es auch Ego oder plappernder Geist nennen. Wenn wir alltagsprachlich von unserem Ich sprechen, meinen wir meistens dieses denkende oder biografische Ich. Es ist der Teil unseres Selbsterlebens, der alle Erinnerungen und Gedanken über uns abgespeichert hat.
Wir erfahren unser denkendes Selbst am direktesten, wenn wir dem ständigen Geplapper in unserem Kopf folgen. Es plant für die Zukunft, es sorgt sich darum, ob auch klappt, was wir vorhaben, es bewertet unsere Mitmenschen und die Welt. Das denkende Ich wälzt Probleme und Katastrophen im Kopf. Oder es schwelgt in Tagträumen. Bei vielen Menschen ist das denkende Ich stark von der schon beschriebenen Stimme des inneren Kritikers geprägt. Diese Stimme begleitet und kommentiert unsere Handlungen und treibt uns meist auch an. Es setzt uns Ziele – und wenn wir die nicht erreichen, entsteht die unangenehme Ist-Soll-Differenz und bietet dem denkenden Ich neuen Stoff zum Kauen. Wir rutschen spätestens jetzt ins Overthinking, das durch eine Überidentifikation mit dieser Seite unseres Erlebens entsteht.

ÜBERZEUGUNGEN VON UNS SELBST UND DER WELT

Unter dem andauernden inneren Geplapper stecken tiefere Überzeugungen über uns selbst, die unser Selbstbild definieren. »Ich bin so und so.« Jeder von uns kann eine Beschreibung von sich selbst mit einer Vielzahl von Adjektiven abgeben. Wir glauben an diese Sätze und Bewertungen, deshalb werden sie auch als Glaubenssätze bezeichnet. Sie sind folgenreich und bestimmen unbewusst unser Erleben. Negative oder positive Selbstkonzepte können wie Filter wirken, sodass nur noch bestimmte Informationen aufgenommen und verarbeitet werden. Narzisstische Selbstkonzepte nehmen nur Erfolg, Lob und Anerkennung an. Depressive Selbstkonzepte gehen davon aus, dass man selbst schlecht ist, dass die Welt schlecht ist und dass sich das auch in Zukunft nicht ändern wird. Kritik bleibt deshalb eher hängen. Gegenteilige oder positive Informationen und Rückmeldungen werden ausgeblendet. Unser denkendes Ich hat ebenso viele Überzeugungen über die Welt und andere Menschen. Auch hier spielen Bewertungen eine wichtige Rolle. Menschen werden idealisiert oder abgewertet, was natürlich selten die Realität widerspiegelt und uns in Schwierigkeiten führen kann.

EWIG GESTRIG

Unser denkendes Ich ist meistens mit der Zukunft oder mit der Vergangenheit beschäftigt. Es hat früh Strategien entwickelt, wie wir zu sozialer Anerkennung kommen, und macht uns deshalb ständig Vorschläge, wie wir uns verhalten sollen. Es kritisiert uns, treibt uns an oder rät zur Vermeidung. Wir ahnen meist, dass diese Vorschläge nicht passen. Sie stammen tendenziell aus alten Überzeugungen, die wir in der Kindheit oder Jugend übernommen haben. Unser denkendes Ich klebt nämlich gern an der alten Identität. Es steckt meistens in der Vergangenheit fest. So sind es die Überzeugungen von damals, die unser Heute bestimmen. Dadurch werden viele heutige Situationen verzerrt wahrgenommen. Die meisten Menschen verwechseln das denkende Ich mit ihrem Erwachsenen-Ich. Doch es ist nicht das Schachbrett, es ist die eine oder andere Figur. Erst durch das bewusste erwachsene Ich können wir Abstand von den alten Glaubenssätzen nehmen und in der Gegenwart ankommen. Unser Denken lernen wir dann als Werkzeug zu verstehen und zu nutzen. Wie ein Navi, das uns hilft, uns in einer unbekannten Gegend zu orientieren. Schwierig wird es nur, wenn wir dem Navi mehr glauben als der Realität. Wenn das Navi sagt, wir sollen geradeaus fahren, wir aber klar einen See vor Augen haben, dann wäre es praktisch und sinnvoll, mehr unserer Wahrnehmung zu vertrauen als dem Gerät.

*Denken kann sehr nützlich sein.
Ein starres denkendes Ich
allerdings verteidigt nur eine falsche Identität.*

DAS EMOTIONALE ICH

In jedem Moment tauchen Stimmungen, Gefühle und Empfindungen in uns auf. Unsere Gefühle geben uns Informationen darüber, was wir gerade brauchen. Wenn Bedürfnisse nicht erfüllt werden, erleben wir Frustration oder Trauer. Wenn wir uns bedroht fühlen, erleben wir Unsicherheit, Angst oder Wut. Dies gilt auch für Bedrohungen, die sich unser denkendes Ich ausmalt oder wenn Ziele und Ansprüche bedroht scheinen. Insofern hängen denkendes und emotionales Ich eng zusammen.

Unser emotionales Ich birgt viele Verletzungen und Kränkungen der Vergangenheit. Wenn uns eine Person oder Situation an einen früheren Schmerz erinnert, kann es sein, dass die alten Gefühle wieder da sind. Das verletzte innere Kind wird aktiv. Das emotionale Selbst hat uns plötzlich in unsere Kindheit katapultiert und wir erleben wieder die Verlassenheit oder die Trauer aus unseren Kinder- und Jugendtagen. Unser emotionales Selbst gibt uns auch Rückmeldung, wenn wir das bekommen, was wir brauchen.

Genuss, Zufriedenheit und Freude sind daher auch Rückmeldegefühle, wenn wir etwas erleben oder tun, das unmittelbar unsere Bedürfnisse befriedigt. Ebenso wenn wir uns verbunden mit anderen Menschen oder mit der Welt erleben. Wenn wir im beobachtenden Selbst ruhen, ist dies meist auch mit Gefühlen der Ruhe und Gelassenheit verbunden. Wir fühlen uns verbunden mit uns und zugleich den Menschen und der Welt ein bisschen näher.

DAS HANDELNDE ICH

Das handelnde Selbst enthält all unser Handlungswissen und unsere Erfahrungen. Wenn wir auf das Fahrrad steigen und losradeln, weiß unser Gehirn, wie das geht. All unsere Erfahrungsschätze sind im handelnden Ich abgespeichert. Wer einmal gelernt hat zu laufen, wird es nicht mehr verlernen. Viel Handlungswissen ist hochautomatisiert und läuft unbewusst ab oder es ist nur wenig bewusste Steuerung erforderlich. Beispielsweise ist Autofahren nach etwas Übung ein automatisch abgespeichertes Handlungswissen. Sobald man abbiegen möchte, setzt man den Blinker – darüber muss man nicht nachdenken.
Unser handelndes Selbst neigt zu Effizienz: Wenn Handlungen oft ausgeführt werden, werden sie automatisiert und es bilden sich Verhaltensgewohnheiten: Essgewohnheiten, Bewegungsgewohnheiten, Konsumgewohnheiten, Gewohnheiten im Umgang mit dem Handy.

BEWUSSTSEIN IST NICHT SICHTBAR

Das denkende, fühlende und handelnde Ich können wir beobachten und uns bewusst machen. Vielleicht können Sie sich an verschiedene Gedanken erinnern, die Ihnen heute schon durch den Kopf gegangen sind. Welche Gedanken hatten Sie beim Aufwachen, beim Frühstücken, beim Arbeiten? Dasselbe gilt für die Empfindungen, Stimmungen und Gefühle, die Sie heute bereits erlebt haben. Außerdem haben Sie schon viele Handlungen verrichtet und über 40 Prozent davon waren Gewohnheitshandlungen, wie Aufstehen, Duschen, Essen. Sie können sich all dies in Erinnerung rufen. Der Anteil, der sich all dies bewusst macht, ist allerdings nicht sichtbar. Er ist kein Objekt unserer Wahrnehmung. Wenn wir einen Raubvogel am Himmel bewundern, sehen wir den Vogel. Wir können aber nicht unsere eigenen Augen sehen. So ist unser gegenwärtiges Bewusstsein für uns spürbar und erlebbar, es ist aber nicht objektivierbar in dem Sinne, dass wir es sehen könnten wie ein Objekt.

Wir können Vögel und Stühle sehen, unser kritisches Denken beobachten, wir können auch Verspannungen im Nacken spüren oder die Enge in der Brust, wir können Angst erleben. All dies sind Phänomene (vom altgriechischen Wort für »sich Zeigendes«, »Erscheinendes«), die wir wahrnehmen können. Wenn Sie ein Geräusch wie Vogelgezwitscher hören, dann ist das Geräusch der momentane Inhalt Ihres Bewusstseins. Sobald das Geräusch verklungen ist, bleibt nur das bewusste Hören und Wahrnehmen. Inhalte können wir sehen, riechen, hören, spüren – das wahrnehmende Bewusstsein selbst nicht.
Das beobachtende Selbst ist durchsichtig, transparent, reine Bewusstheit. Und gleichzeitig ist es uns am nächsten, so nahe, dass wir es kaum bemerken. Es ist absolut zentral für unser Erleben: Alles, was wir erleben, ob Gedanken, Gefühle oder Vogelgezwitscher, nehmen wir nur durch unsere Bewusstheit wahr. Der Psychiater Arthur Deikman formuliert deshalb den Satz von Descartes »Ich denke, also bin ich« um in: »Ich bin bewusst, also bin ich.« Das beobachtende Selbst ist das bewusste ruhige Zentrum in der Mitte von allem, es ist aber nicht beobachtbar.

Ich denke, also bin ich,
so hieß es bei René Descartes.
Wie wäre es aber mit
Ich bin bewusst, also bin ich?
Ist diese Umformulierung von Arthur Deikman
nicht passender?

*Der Himmel ist immer da,
auch wenn ihn Wolken verdecken.
Unser beobachtendes Selbst ist immer da,
auch wenn Gedanken da sein mögen.*

PHÄNOMENE ÄNDERN SICH, BEWUSSTSEIN BLEIBT

Unser Erleben ändert sich von Moment zu Moment. Man könnte es mit Wellen vergleichen, die kommen und gehen. Auch unsere Rollen wandeln sich und verändern sich. Im Verlauf Ihres Lebens werden Sie vom Kind zum Erwachsenen, zur Mutter oder zum Onkel. Vom Azubi werden Sie zum Berufstätigen und irgendwann zum Rentner. Was sich aber nicht verändert, ist das beobachtende Selbst. Wir können zu jedem Zeitpunkt in diese Perspektive wechseln, die sich dessen bewusst ist, was jetzt gerade da ist. Man könnte auch sagen, die Inhalte unseres Bewusstseins wechseln, aber das Bewusstsein bleibt.

Hektik, Stress und ganz allgemein unser komplexes Alltagsleben führen dazu, dass wir ganz selten bewusst unser beobachtendes Selbst und die gelassene, entspannte Qualität unseres Bewusstseins erleben. Für uns ist der Himmel meistens wolkenverhangen. Wir sind auch fast immer vollständig mit unserem Denken identifiziert und uns gelingt es kaum, den nötigen Abstand zu gewinnen. Wir nutzen unser denkendes Ich sehr intensiv, das beobachtende Selbst hingegen kaum. Lassen Sie es uns also immer genauer entdecken und nutzen lernen.

DIE SCHACHBRETT-METAPHER

Ich lade Sie wieder zu einem kleinen gedanklichen Experiment ein, das von Stephen C. Hayes stammt: Stellen Sie sich ein Schachspiel vor. Ein schwarzer Bauer wird gerade von einem weißen Springer bedroht. Mal angenommen, jede Figur auf dem Feld hätte Gedanken und Empfindungen: Wie geht es wohl dem schwarzen Bauern? Vermutlich hat er Angst, fühlt sich bedroht, macht sich Sorgen, gleich geschlagen zu werden, und erlebt Stress. Der weiße Springer ist hingegen in Kampf- und Siegeslaune.

Stellen Sie sich nun vor, Sie würden die Perspektive des Schachbretts einnehmen. Sie beobachten, wie der weiße Springer den Bauern bedroht. Sie nehmen die Angst des Bauern wahr und die Siegergefühle des Springers. Wie geht es Ihnen dabei als Schachbrett? Vermutlich finden Sie den Ablauf in Ordnung so, es gehört einfach zum Spiel, dass Figuren geschlagen werden. Und wie ist es aus der Perspektive des Schachbretts, wenn Schwarz gegen Weiß verliert? Auch das gehört einfach zum Spiel dazu. Eine Seite gewinnt, die andere verliert.

Und nun bitte ich Sie, noch einmal die Perspektive des schwarzen Bauern einzunehmen. Er fühlt sich vermutlich eng, gestresst, bedroht und hilflos an. Wechseln Sie dann wieder in den weiteren, offeneren Blick des Schachbretts. Sie haben das ganze Spiel im Blick. Gewinnen und Verlieren gehören für Sie dazu. Sie sind nicht mehr identifiziert mit einer Perspektive. Vergleichbar ist es, wenn wir aus unserer Alltagsperspektive voller Stress in die Perspektive des inneren Beobachters wechseln: Aus Enge und Emotionalität wird ein ruhiges Betrachten.

Wenn Sie mit Schach nichts anfangen können, können Sie gern ein anderes Bild dafür wählen. Sie können sich zum Beispiel eine Bühne vorstellen, auf der Schauspieler auftreten: Ihr innerer Kritiker und die

Angst oder Trauer beispielsweise. Sie nehmen diese Erlebnisanteile nur wahr. Sie sind der Beobachter und haben einen gemütlichen Platz. Wie vor dem Fernseher: Die Person im Film wird von Gangstern verfolgt und Sie sitzen friedlich auf dem Sofa, essen Ihre Chips und halten die Fernbedienung in der Hand. Wer gern segelt, kann sein Erleben mit Booten auf dem Meer vergleichen – wie eine Klientin von mir. Ihr hat es geholfen, die Perspektive in diesem Bild zu wechseln und das Geschehen aus dem Blick des Ozeans zu betrachten, der freundlich und bereitwillig die verschiedenen Boote trägt.

Ein solcher Perspektivwechsel soll Sie nicht von Ihrem Erleben abschneiden. Es geht darum, beides kennenzulernen, nämlich Beobachten und Erleben. In neueren Psychotherapieansätzen wie Eye Movement Desensitization and Reprocessing (EMDR) oder Akzeptanz- und Commitmenttherapie (ACT) geht es darum, beides zu schulen: Wir wollen einerseits mit dem Erleben in Kontakt kommen, es also nicht mehr vermeiden, und gleichzeitig das Erleben beobachten. Wenn Sie das können, haben Sie die Gangschaltung Ihres Geistes gefunden.

ÜBUNG

Was ist Ihre Metapher?

Schachbrett, Bühne oder Segelboot? Wählen Sie für sich eine Metapher, in der die Perspektive bildlich wird, die sich vollständig identifiziert, und dazu die Perspektive, die freundlich Abstand nimmt und den Raum weiter werden lässt.

Erinnern Sie sich immer wieder an Ihre Metapher und fragen Sie sich, aus welcher Perspektive Sie eine aktuelle Situation gerade erleben und was Ihnen helfen kann, wieder die Perspektive der Offenheit und Weite einzunehmen.

DIE GANGSCHALTUNG BEHERRSCHEN

Ich bitte Sie, ein weiteres kleines Experiment zu versuchen und dabei sehr aufmerksam zu sein. Sie werden dabei vermutlich bemerken, wie Sie innerlich die Perspektive in Richtung Ihres beobachtenden Selbst wechseln. Alles bleibt gleich, Sie beobachten nur bewusst, was Sie gerade hören, spüren, empfinden und denken. Diesen Wechsel vom denkenden Selbst zum beobachtenden Selbst kann man als die Gangschaltung unseres Geistes bezeichnen. Sie wirklich zu beherrschen, kann das ganze Leben zum Positiven verändern.

ERLEBEN

Bewusst innehalten

Achten Sie für einen Moment darauf, welche Geräusche Sie gerade hören. Hören Sie vorbeifahrende Autos oder Vogelgezwitscher? Vielleicht Stimmen oder Lachen?

Lenken Sie nun die Aufmerksamkeit auf Ihre Beine und Füße. Spüren Sie, wie diese den Boden berühren. Nehmen Sie sich einen Moment Zeit, um wirklich zu spüren …

Als Nächstes lenken Sie die Aufmerksamkeit nach innen. Spüren Sie in den Brust- und Bauchraum hinein. Was nehmen Sie wahr? Gibt es ein Körpergefühl? Anspannung, Unruhe oder Müdigkeit? Nehmen Sie ein Gefühl oder eine Stimmung wahr?

Gibt es Gedanken, die Ihnen gerade durch den Kopf gehen?

Während Sie dies wahrnehmen, können Sie auch noch einmal auf die Geräusche in Ihrem Umfeld achten.

Das beobachtende Selbst wird für Sie mit dieser Übung erlebbar – mit dem Beobachten. Das ist zu jeder Zeit und an jedem Ort möglich. Wichtig ist dabei, in Kontakt mit der direkten Erfahrung des gegenwärtigen Augenblicks zu kommen.

PSYCHISCH FLEXIBEL UND RUHIG

Die Wirkung und Bedeutung der Gangschaltung unseres Geistes wird in aktuellen psychologischen Ansätzen als sehr hoch eingeschätzt. Sie bedeutet psychische Flexibilität. Sie ermöglicht uns, aus Automatismen auszusteigen, das Hier und Jetzt wahrzunehmen und darauf zu antworten. Diese Antwort ist viel präziser und genauer als automatisierte Gedanken- und Verhaltensgewohnheiten. Diese innere Flexibilität bedeutet innere Lebendigkeit und Offenheit für das Leben, wie es jetzt gerade stattfindet.

Mit der Zeit lernen wir, diese Gangschaltung immer besser zu bedienen. So können wir immer sicherer aus unnötigen, abwertenden Gedankenschleifen aussteigen. Themen, die gerade nicht bearbeitet werden müssen, können ruhen. Wir kommen ins metakognitive Bewusstsein. Wir können entscheiden, ob wir an einem Thema dranbleiben oder ob es sich um unnötiges Grübeln oder Sorgen handelt. So können wir auch zur Ruhe kommen.

Mit der Zeit lernen wir auch unser emotionales Erleben besser kennen. Wir lernen, unsere Gefühle klarer zu unterscheiden. Manche geben uns wichtige Hinweise, um mit einer Situation besser umzugehen, und andere erkennen wir als Fehlalarm. Mit der Zeit können wir mit unserer Gefühlswelt freundlicher und akzeptierender umgehen.

Wir lernen dabei auch, unsere Aufmerksamkeit besser zu nutzen. Wir lenken sie mehr und mehr auf das, was uns wichtig ist. Dort, wo wir mit unserer Aufmerksamkeit sind, dort findet für uns das Leben statt. Wir lassen uns viel weniger manipulieren. Wir kommen als erwachsene Menschen im Hier und Jetzt an und genießen unser Leben!

DIE GANGSCHALTUNG IN AKTION!

Dieser Moment kann nicht gedacht werden. Er kann nur wahrgenommen werden. Sie können das Vogelgezwitscher nicht denken. Sie können darüber nachdenken, welcher Vogel da gerade zwitschert, und das Geräusch als schön oder störend empfinden. Dann haben Sie die Wahrnehmungsebene verlassen und Ihr denkendes Ich ist wieder aktiv. Jederzeit aber können Sie sich Ihrer Gedanken bewusst werden und wieder im Beobachter-Ich sein: präsent und sich dessen bewusst, was in der Gegenwart läuft. Das ist die Qualität, die in jedem von uns steckt. Viele verwechseln Denken damit, bewusst zu sein. Doch Sie können das Vogelgezwitscher bewusst wahrnehmen, ohne zu denken, zu analysieren oder nach Ursachen zu forschen. Denken kommt meistens durch Bewertungen oder Vergleiche ins Spiel. Sie können auch über die Ursachen nachdenken, warum Sie sich auf eine bestimmte Weise fühlen. Diese Gedanken können sinnvoll und wichtig sein, um Ihr Erleben besser zu verstehen, aber sie entfernen Sie vom direkten Erleben. Sie können sich Ihrer Gedanken bewusst sein. Diese Gedanken stellen den Inhalt dar und das Bewusstsein ist der Raum, in dem die Inhalte auftauchen. Um bewusst zu sein, zu spüren, zu hören, zu sehen, ist Denken nicht unbedingt erforderlich. Es ist allerdings sehr hilfreich, sich seiner Gedanken bewusst zu sein (dazu kommen wir später ausführlich).

INNEHALTEN – IMMER WIEDER NEU

Letztens habe ich in einer Arbeitspause mit der Gartenschere vertrocknete Äste und Blüten im Vorgarten abgeschnitten. Dabei habe ich bemerkt, wie angespannt und getrieben ich bin. Ich habe die Anspannung bewusst im Oberkörper und Unterkiefer wahrgenommen und bemerkt, wie ich eilig hantiere. In diesem Moment war ich ganz im Kontakt mit dem Erleben und Handeln des Augenblicks. Durch das Bemerken und Bewusstmachen kam eine neue Qualität in die Gartenarbeit. Beobachtend konnte ich aussteigen und mir bewusst machen:

Ah, der innere Druck ist gerade genauso Teil der Realität dieses Moments wie die Sonne, die Luft und die braunen Äste.

Plötzlich kamen mehr Entspanntheit und Freude in die Situation. Ich kenne diese innere Angespanntheit gut, ich erlebe sie oft, wenn ich mir viel vorgenommen habe und die Dinge schnell hinter mich bringen will. Indem ich mir im Vorgarten meine Gedanken und Gefühle bewusst machte, konnte ich aus dem Getriebensein aussteigen. Ich setzte mich für einen Moment, um die Eile und innere Anspannung zu beobachten, und gleichzeitig spürte ich die wärmende Sonne im Gesicht. Innerlich kam eine Freude auf, weil ich so bewusst gegenwärtig war. Ich konnte anhalten, spüren, ankommen. Beim Beobachten war auch gar nicht wichtig, ob das Anspannungsgefühl weiter besteht oder verschwindet. Ich nahm es genauso wie den Sonnenschein bewusst wahr.

Ohne Bewusstheit hätte ich vermutlich die Arbeit eilig hinter mich gebracht, wäre hastig zum nächsten Termin übergegangen und hätte auch diesen möglichst schnell hinter mich gebracht. Ich hätte eilig eingekauft, das Abendessen gerichtet .... Ich hätte den schönen lebendigen Moment im Garten und die Freude an der Begegnung mit meiner Getriebenheit versäumt.

Wir haben die Wahl. Wir können automatisch weitermachen, weil wir es so gewohnt sind. Wir können unbewusst weitergrübeln, uns antreiben, kritisieren, uns betäuben, uns selbst oder unseren Kindern Druck machen – oder wir können die Gangschaltung unseres Geistes entdecken und ins bewusste Ich-hier-jetzt wechseln. Bewusstheit schafft uns den inneren Freiraum zu wählen. Unbewusstheit bedeutet, dass wir das, was wir schon immer gemacht haben, weitermachen, ohne es zu merken. Doch wir haben unsere innere Gangschaltung – und wie beim

Autorfahren wechseln wir bestenfalls immer wieder den Gang. Zu jedem Zeitpunkt können wir umschalten in das Bewusste Ich-hier-jetzt. Es ist das Hauptanliegen dieses Buches, dass Sie diese innere Gangschaltung bedienen lernen, denn darin liegt eine große psychische Kraft.

SWITCHEN ZWISCHEN BEWUSST UND UNBEWUSST

Ich hätte im Garten »unbewusst« weiterarbeiten können. Einfach funktionieren, auf Autopilot, wenig präsent, von einem inneren Anteil wie dem Antreiber oder Kritiker gesteuert, weder offen für die sinnlichen Eindrücke noch für das innere Erleben. Wie neulich in einem Konzert. Ich habe so nebenbei die Musik gehört und weiter über meine unerledigten Aufgaben nachgedacht. Erst als ich mir dessen bewusst wurde und meine Aufmerksamkeit auf die Musik und die Musiker lenkte, gelang es mir, im Hier und Jetzt anzukommen. Es kostete mich etwas Mühe, die Aufmerksamkeit immer wieder dorthin zu lenken, doch mit der Zeit gelang es mir, ganz präsent zu sein und aus der Perspektive des beobachtenden Selbst die Musik zu erleben und zu genießen.

Sie können durch den Wald joggen und gedanklich vom Urlaub träumen oder über ein Meeting nachdenken, das schwierig gelaufen ist. Joggen wäre in diesem Fall die unbewusste Handlung, während Sie tagträumen. Sie können sich das Joggen aber jederzeit bewusst machen, indem Sie die Gangschaltung Ihres Geistes betätigen und aufmerksam wahrnehmen, wie und wo Sie gerade laufen. So schalten Sie von einem unbewussten in einen bewussten Modus um. Bewusst und unbewusst unterscheiden sich danach, ob das Scheinwerferlicht der Aufmerksamkeit auf den Erlebnisprozess gerichtet ist, der momentan geschieht, oder nicht. Dieses Verständnis unterscheidet sich von manchen psychoanalytischen Konzeptionen, die von getrennten Regionen wie dem Bewussten, dem Unterbewussten oder Unbewussten sprechen. In unserem Gehirn und Organismus laufen naturgemäß sehr viele Prozesse ab, zu denen wir keinen bewussten Zugang haben. So können Sie sich bewusst machen, wie die Schokolade schmeckt, die Sie sich auf der Zunge zergehen lassen, indem Sie Ihre Aufmerksamkeit in den Mundraum lenken. Ihnen ist aber nicht bewusst, welche einzelnen Hirnregionen bei diesem Geschmackserlebnis aktiv sind. Durch einen Hirnscan könnten diese Regionen objektiv erfasst werden, aber das täte für unser Thema nichts zur Sache. So gibt es auf der physiologischen Ebene viele Prozesse, die dem beobachtenden Selbst nicht zugänglich sind. Wenn ich hier von Bewusstheit spreche, bezieht sich das nur auf die Aspekte, die innerlich zugänglich sind, wie Gedanken, Gefühle, Körperempfindungen oder sinnliche Reize, die wir wahrnehmen können.

ÜBUNG

Im Alltag innehalten

Um in das beobachtende Selbst zu wechseln, genügt es, im Laufe des Tages immer wieder innezuhalten. Erinnern Sie sich daran, das Hier und Jetzt wahrzunehmen, ob das bei einer Besprechung ist, am Krankenbett, im Bus oder in der Warteschlange.

Beginnen Sie damit, den Raum um sich herum wahrzunehmen. Welche Geräusche hören Sie? Was sehen Sie? Lassen Sie die Aufmerksamkeit schweifen. Wo sind Ihre Füße? Spüren Sie die Beine von innen. Beginnen Sie, Ihren inneren Körperraum wahrzunehmen. Nehmen Sie Ihren Körper als Ganzes von innen her wahr.

Verweilen Sie einen Moment im Spüren und Wahrnehmen, was dieser Moment bietet. Lassen Sie Ihre Aufmerksamkeit breiter, weiter und offener werden. Ein Wahrnehmungsraum kann entstehen, in dem Sie Ihren Körper von innen spüren und gleichzeitig Geräusche hören. Sie können auch hin- und herpendeln zwischen der Wahrnehmung von äußeren Reizen und inneren Empfindungen.

Auf einen Blick

Denken, Fühlen und Handeln bestimmen unser Erleben und meistens läuft dies unbewusst und automatisch ab. Doch unser Gehirn hat eine weitere Fähigkeit entwickelt: Wir können uns unser Denken, Fühlen und Handeln bewusst machen. Vom automatischen, unbewussten Handeln können wir in bewusstes Handeln umschalten, wenn wir beispielsweise den gewohnten Weg von der Arbeit nach Hause fahren, noch ganz in Gedanken sind und plötzlich sehen, wie ein Hund über die Straße rennt. Sofort schalten wir um auf bewusstes Handeln. Wir bremsen und weichen aus. Bewusstes Handeln hilft uns, auf die unerwartete Situation zu reagieren.

Doch wir können noch viel weiter gehen und die Gangschaltung unseres Geistes in deutlich mehr Momenten nutzen. Es ist eine Fähigkeit, die unser Leben bereichert und uns immer wieder in Kontakt mit dem gegenwärtigen Augenblick bringt. Wir können immer wieder die Perspektive wechseln. Die Welt sieht aus der Perspektive einer Schachfigur, die gerade geschlagen wird, ganz anders aus als aus der Perspektive des Schachbretts. Die Schachfigur fühlt sich als Opfer. Das Schachbrett bekommt alles mit und sieht die Dinge neutral. Es hat Abstand. Es ist das Feld, auf dem das Spiel stattfindet.

Wir können lernen, die Perspektive zu wechseln: von unserem denkenden, emotionalen oder handelnden Ich zum beobachtenden Selbst. Das macht uns innerlich flexibel und wir können jederzeit aus negativen Gedankenschleifen aussteigen und uns mit dem Hier und Jetzt verbinden. Wir können aus dieser Perspektive eine tiefe Verbundenheit mit dem Leben spüren. Unser innerer Kritiker übernimmt nicht mehr so leicht die Führung, sondern unser bewusstes Selbst, das weit und offen ist, zutiefst verankert in unserer Menschlichkeit. Wir entdecken ein natürliches Selbstwertgefühl, das sich nicht mehr auf Vergleichen, Bewertungen und Bestätigung durch andere gründet, sondern das aus dem bewussten Hier-und-jetzt-Sein lebt.

AUFMERK-
SAMKEIT
AKZEPTANZ
PRÄSENZ
ABSTAND ZU
GEDANKEN
FREUNDLICHKEIT

Zugänge zum beobachtenden Selbst

Wir haben mindestens fünf Schlüssel, um uns den Raum des beobachtenden Selbst zu erschließen und aus unseren Gedanken auszusteigen. Das funktioniert durch Ich-hier-jetzt, durch Aufmerksamkeitslenkung, durch Metabewusstsein und Defusion, durch Akzeptanz und Raum für Erleben und last but not least durch innere Freundlichkeit. In diesem Kapitel lernen Sie alle fünf Schlüssel effizient zu nutzen.

DIE FREUND-
IM-KOPF-ÜBUNG

Sie haben bis hierhin schon einige Reflexionen und Übungen kennengelernt – doch jetzt wird es so richtig praktisch. Fünf Zugänge, fünf Schlüssel zum Raum des beobachtenden Selbst werden Sie in diesem Kapitel kennen und nutzen lernen. Im Zentrum steht die »Freund-im-Kopf-Übung«, durch die Sie eine gelassenere innere Haltung einnehmen und die Gangschaltung Ihres Geistes im Alltag bedienen lernen. Sie können zu jeder Zeit kurz innehalten und auf die Übung zurückgreifen. Wir bauen sie hier immer weiter aus, daher taucht sie am Ende jedes weiteren Unterkapitels in einer vertieften Form auf.
Diese fünf Zugänge zum beobachtenden Selbst sind ganz bestimmte Fähigkeiten, die in uns allen schlummern. Meist nutzen wir sie gar nicht oder zumindest nicht bewusst. Da es sehr hilfreich ist, einen Zugang zum beobachtenden Selbst zu haben, lohnt es sich, diese Zugänge so intensiv einzuüben, dass wir sie bald ganz selbstverständlich im Alltag einsetzen können. So geht es in diesem Kapitel des Buches einerseits darum, dass Sie diese fünf Türen kennenlernen, und zum anderen darum, dass Sie ein regelrechtes Training beginnen, durch diese Türen zu gehen. Irgendwann werden Sie sich in alltäglichen Situationen immer leichter daran erinnern und häufig in das bewusste Ich-hier-jetzt wechseln.

Lassen Sie sich auf die fünf Zugänge zum beobachtenden Selbst ein. Es dürfte Ihr Leben verwandeln.

In diesem Moment können Sie die Gangschaltung Ihres Geistes mühelos nutzen. Wie beim Autofahren dauert es allerdings eine Zeit, bis es sich richtiggehend automatisiert hat, dass Sie vom inneren Kind oder vom inneren Kritiker in das beobachtende Selbst wechseln. Die Übungen hier vermitteln Ihnen ein ganz klares Gespür dafür, wie Sie das anstellen können.

Wenn wir im Folgenden alle fünf Zugänge zum beobachtenden Selbst nacheinander betrachten, möchte ich Ihnen zuerst erklären, wie diese Schlüssel funktionieren. Dabei können Sie Ihr denkendes Ich nutzen, um ein Verständnis für das von mir Dargelegte zu entwickeln. Gleichzeitig können Sie immer wieder beim Lesen die Perspektive wechseln, in Ihr beobachtendes Selbst gehen und sich auf neue Erfahrungen und Sichtweisen einlassen. Das lohnt sich sehr.

Sicherlich gibt es viele weitere Zugänge zu diesem inneren Raum. Aus meiner Erfahrung jedoch sind die fünf, die ich Ihnen hier genauer vorstelle, besonders wirksam. Es sind Fähigkeiten, über die unser Gehirn aus seiner langen biologischen Geschichte heraus sowieso verfügt. Wir brauchen nur zu lernen, diese freundlichen Kräfte einzusetzen.

Die Freund-im-Kopf-Übung ist das Herzstück dieses Buches. Dafür können Sie auch die dazu von mir erstellten Audiodateien nutzen (siehe Anhang im Buch).

Meine Einladung an Sie

Halten Sie in Ihrem Alltag immer wieder inne und experimentieren Sie mit dieser Hauptübung »Freund im Kopf« und auch mit den anderen kleinen Übungen, die Sie hier finden. Erinnern Sie sich stets neu: Sie tragen dieses freundliche beobachtende Bewusstsein in sich – Ihren Freund im Kopf. Er ist eine innere Perspektive, zu der Sie an jedem Ort und zu jedem Zeitpunkt wechseln können.

ERSTER ZUGANG: ICH-HIER-JETZT

Luka sitzt vor mir in der Therapiestunde. Er kann es immer noch nicht fassen, dass ihn seine Freundin vor sechs Monaten verlassen hat. Er möchte es endlich verstehen. »Warum ist sie gegangen?« Mögliche Ideen dazu hat er jede Menge im Kopf. Er geht immer wieder die letzten konflikthaften Gespräche durch, was ihn jedes Mal neu traurig macht. Und immer wieder taucht die eine Frage auf: »Warum?« Dann beginnt das grüblerische Nachdenken von vorn. Manchmal denkt er auch, dass er das tun muss, um die Trennung zu verarbeiten. Dabei geht es ihm schlecht und er kann nur mit Mühe seinen Alltag bewältigen.

Für Simone ist es wichtig, gut vorbereitet zu sein, wenn sie ein Seminar oder einen Urlaub plant. Sie geht alle Details immer wieder durch und stellt sich dabei auch die schlimmsten Szenarien vor und was alles schieflaufen könnte. Auch darauf möchte sie vorbereitet sein. Sie ist tief davon überzeugt, dass sie dadurch mehr Kontrolle über die Situation und mehr Sicherheit gewinnt. Seltsamerweise passiert eher das Gegenteil. Sie macht sich viele Sorgen, kann oft nicht schlafen, weil die Gedanken kreisen, und ihre Unsicherheit nimmt sogar zu.

Luka und Simone haben beide das Bedürfnis, über ihr Nachdenken mehr Kontrolle über die Situation und ihre Gefühle zu gewinnen.

Bei Luka liegt die Trennung seiner Freundin in der Vergangenheit, bei Simone liegt das geplante Seminar oder der Urlaub in der Zukunft.

Mit beiden können wir alle sicherlich gut mitfühlen. Wie oft hoffen wir, dass der Verstand uns die Lösung serviert, die uns endlich entspannt! Doch das Gegenteil passiert: Wir verstricken uns mehr und mehr.

Wir sind so stark mit unserem Verstand identifiziert, dass es ein längerer Prozess ist, sich davon zu lösen. Für Luka wäre es vermutlich viel wichtiger, seine Trauer anzunehmen und sich innerlich von der Freundin zu verabschieden. Und für Simone wäre es wichtig, ab einem bestimmten Punkt die Vorbereitung sein zu lassen und die Unsicherheit auszuhalten. Für beide würde das heißen, dass sie von der reinen Verstandesorientierung wegkommen müssten.

ANKOMMEN IN DER GEGENWART

Luka und Simone reisen immer wieder in die Vergangenheit oder Zukunft. Was beide völlig aus den Augen verlieren, ist die Gegenwart. Sie ist für unseren Verstand auch deutlich schwerer fassbar. Gegenwart können wir wahrnehmen, spüren oder empfinden. Sobald wir über sie nachdenken, verlieren wir den direkten Kontakt zu ihr.

Erst das Hier und Jetzt hilft uns, aus dem Gedankenkreisen auszusteigen, und macht uns bewusst, wann wir das Erleben im Moment verlieren, weil wir mental woanders sind. Die Gegenwart hilft uns auch, unseren Verstand als Werkzeug im Hier und Jetzt zu nutzen, um beispielsweise ein Problem zu lösen. Es ist sogar möglich, den Verstand zu bitten, sich zu entspannen, damit wir uns dem Fluss der Dinge überlassen können. Musik können wir nur jetzt intensiv hören und genießen, mit offenem Herzen und ganzer Präsenz.

Ich-hier-jetzt heißt Gegenwartsorientierung – und die hilft uns, auch eher bei den Gefühlen zu sein, die in uns aufsteigen und wieder abklingen. Unsere Gefühle sagen uns viel über unsere Bedürfnisse, deshalb ist es gut, wenn wir sie spüren können.

*Gegenwartsorientierung heißt,
im direkten Kontakt
das Leben und Erleben zu spüren.*

ÜBUNG

Spiegelbewusstsein

Stellen Sie sich vor, Sie verfügen über die Fähigkeit eines Spiegels. Sie können das reflektieren, was gerade da ist. Was Sie sehen, hören, spüren, ohne dass Sie etwas hinzufügen, ohne dass Sie etwas verändern.

Was hören Sie gerade? Verweilen Sie einen Moment bei den Geräuschen.

Was sehen Sie gerade? Was spüren Sie gerade?

Welche Gefühle und Empfindungen sind gerade da?

Und wenn Gedanken auftauchen, bemerken Sie die Gedanken. Sie müssen nichts tun. Sie können offen das wahrnehmen, was gerade auftaucht.

Mit diesem Spiegelbewusstsein sind Sie ganz Ich-hier-jetzt. Sie nutzen den ersten Zugang zum beobachtenden Selbst.

Das beobachtende Selbst wird häufig mit einem Spiegel verglichen, der das reflektiert, was vor ihm auftaucht. Der Spiegel fügt nichts hinzu, er verändert nichts, bewertet nicht. Er ergreift nicht die Flucht und unterdrückt auch nichts. Er reagiert nicht gekränkt oder beleidigt. Er spiegelt das wider, was da ist. Er tut eigentlich gar nichts, er reflektiert nur.
Der Spiegel bleibt auch nicht an einzelnen Phänomenen hängen. Er reflektiert immer das, was in diesem Moment auftaucht. Er denkt auch nicht darüber nach, was als Nächstes kommt. Er ist fokussiert und offen für das, was jetzt passiert. Er ist ganz präsent im Hier und Jetzt.
Der Spiegel weiß etwas, das wir häufig vergessen. Er weiß, dass es im Grunde nur diesen einen Moment gibt, diese Empfindung, diesen Geruch, diesen Gedanken. Für unseren Verstand ist das schwer zu fassen. Lassen Sie es uns daher genauer betrachten.

Wenn ich mich darum sorge, ob mein Sohn den Schulabschluss schafft, dann mache ich mir in diesem Moment Sorgen um die Zukunft. Diese Zukunft gibt es in meinem Kopf. Real sitze ich am Küchentisch und schaue aus dem Fenster. Ich sorge mich um Ereignisse, die nicht jetzt real passieren, sondern zukünftig passieren könnten. Vielleicht mache ich auch mental eine Zeitreise in die Vergangenheit. Warum habe ich meinen Sohn nicht besser motiviert? Hätte ich mehr mit ihm lernen sollen? Was aber ist real? Ich befinde mich mit meinem Körper an einem Ort in der Gegenwart und mache in Gedanken eine Zeitreise in die Zukunft oder Vergangenheit. Ich befinde mich in einem der beschriebenen Gedankenzüge. Der Gedankenzug, das Kopfkino ist ein mentales Ereignis in meinem Kopf. Das Spiegelbewusstsein macht dies deutlich: Ah, da tauchen Gedanken an die Zukunft auf.

ÜBUNG

Vergangenheit, Gegenwart, Zukunft

Wenn Sie sich im Alltag dabei ertappen, dass Sie sich gedanklich mit einem Zukunftsthema beschäftigen, fügen Sie innerlich den Gedanken hinzu: »Ich denke gerade an die Zukunft.« Und wenn Ihre Gedanken der Vergangenheit nachhängen, bemerken Sie: »Ich denke gerade an die Vergangenheit.« Und wenn Sie bemerken, dass Sie gerade ganz aufmerksam in der Gegenwart sind – beim Rasenmähen oder Spülmaschineausräumen: »Ich bin ganz in der Gegenwart.«

Stellen Sie sich immer wieder die Frage: »Wo bin ich gerade mit meinen Gedanken?« Und dann merken Sie: »Ah, ich denke gerade wieder über die Vergangenheit nach ...«

GEGENWÄRTIGKEIT IST HEILSAM

Sobald wir uns in unseren Gedanken verlieren, geht die Bewusstheit für die Zeitdimension des Jetzt verloren. Für unser denkendes Ich haben Vergangenheit und Zukunft Priorität, für unser beobachtendes Selbst steht das Hier und Jetzt im Vordergrund.

Insbesondere in der psychotherapeutischen Arbeit werden beide Fähigkeiten genutzt: ganz präsent sein und mental in Vergangenheit oder Zukunft reisen. So können wir beispielsweise vom gegenwärtigen Erwachsenenbewusstsein aus in die Kindheit reisen, um dem inneren Kind heute das zu geben, was es damals nicht bekommen hat. Vielleicht waren seine Umstände in unserer Kindheit von großer Unsicherheit geprägt und wir können ihm heute Sicherheit und Geborgenheit vermitteln. Dafür muss das Hier und Jetzt allerdings tatsächlich als sicher erlebt werden.

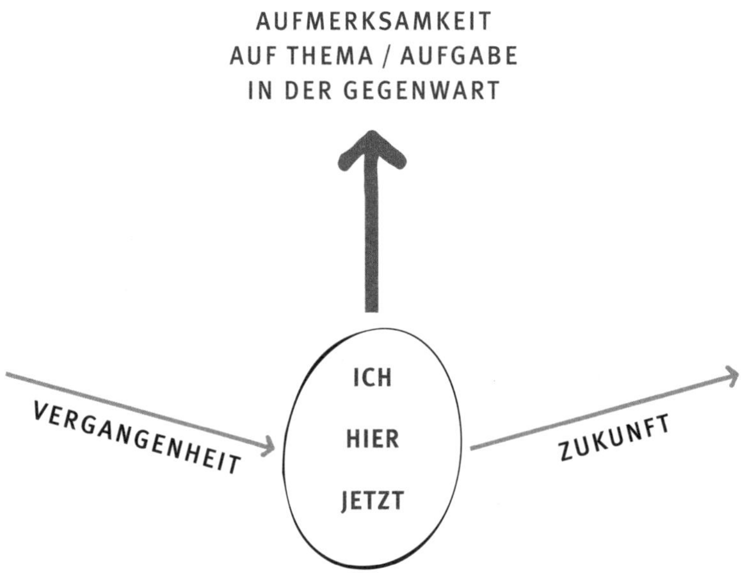

Wir brauchen also diese innere Instanz, die ganz bewusst im Hier und Jetzt verankert ist. Auf ähnliche Weise können auch Kränkungen oder traumatische Erfahrungen verarbeitet werden. Wir pendeln bewusst zwischen Vergangenheit und Präsenz in der Gegenwart.

ÜBUNG

Das V der Zeiten

Stellen Sie sich vor, der Ort, an dem Sie sich gerade befinden, ist der Scheitelpunkt eines großen V. Er symbolisiert die Gegenwart. Eine Zeitlinie kommt von links in den Scheitelpunkt, die Vergangenheit. Eine zweite Zeitlinie geht vom Scheitelpunkt nach rechts, die Zukunft. Vom Scheitelpunkt aus können Sie die Gegenwart sehen, den Raum, in dem Sie sich befinden.

Wann immer nun Ihre Gedanken auf Zeitreise gehen, können Sie sich mit diesem V bewusst machen, wo Sie sich auf der Zeitlinie befinden. Denken Sie über den Wochenendeinkauf nach, sind Sie ein Stückchen in der Zukunft. Denken Sie über die Rente nach, sind Sie wahrscheinlich weiter in der Zukunft. Anhand dieses einfachen Bildes können Sie sich stets bewusst entscheiden, ob Sie mit Ihrer Aufmerksamkeit dort bleiben wollen, wo Sie gerade sind, oder ob Sie in die Gegenwart zurückkehren möchten. Sie können die Vergangenheit jederzeit ruhen lassen und Sie müssen auch nicht in die Zukunft reisen. Für praktische Belange allerdings kann das wichtig und sinnvoll sein. Sie entscheiden. Mit diesem V springen Sie mit einer höheren Bewusstheit auf den Zeitlinien umher als bisher. Wenn wir gestresst sind, merken wir oft nicht, wie wir zwischen Vergangenheit und Zukunft hin und herspringen und die Gegenwart völlig aus dem Blick verlieren. Das V hilft uns, dies bewusst zu machen.

DIE GEGENWART ALS TRANSITSTRECKE

Viele Menschen meinen, dass sie sich durchaus an der Gegenwart orientieren. Doch was heißt das eigentlich? Oft bedeutet Gegenwartsorientierung nichts anderes als einen kontrollierenden Blick auf bestimmte Parameter mit der Frage, ob man dem Ziel schon näher gekommen ist. Beim Sport: Habe ich meine Trainingsziele erreicht? Beim Zeitmanagement: Bin ich im Zeitplan? Bei der Ernährung: Halte ich mein Gewicht? Die Gegenwart ist dabei nur die Transitstrecke zu den Zielen. Im Vordergrund stehen die Vorstellungen, wie es sein sollte. Sobald wir in der Gegenwart etwas wahrnehmen, was nicht unseren Zielen und Erwartungen entspricht, fühlen wir uns unwohl und die Gedanken werden aktiver. Was ich hier beschreibe, ist in der Psychologie, die sich mit der Achtsamkeit beschäftigt, als Tun-Modus bekannt. Darin sind Zukunft oder Vergangenheit wesentlich – wir denken darüber nach, mit welchen Strategien wir ans Ziel kommen könnten. Wir bewerten und fühlen uns getrieben. Sobald wir ein Ziel erreichen, wird es nicht besser. Ganz schnell formulieren wir das nächste und das Spiel beginnt von vorn.

ZUM ICH, ZUM HIER, ZUM JETZT KOMMEN

Toni hat nach langem Suchen endlich einen neuen Arbeitsplatz gefunden. Ihm geht nun ständig durch den Kopf, was alles auf ihn zukommen wird. Wie er sich noch vorbereiten könnte. Er geht immer wieder alle Möglichkeiten durch, wie es wohl sein wird, wie die Einarbeitung verlaufen wird, ob die neuen Chefs zufrieden mit ihm sein werden. Er fühlt sich sehr unruhig und nimmt dies als Hinweis dafür, dass er sich lieber noch genauer vorbereiten sollte. Toni ist komplett im Tun-Modus gefangen, er ist mental in der Zukunft.

Im Sein-Modus hingegen steht die Gegenwart im Vordergrund. Hier nehmen wir an, was gerade da ist. Wir richten die Aufmerksamkeit auf die Erfahrung des gegenwärtigen Moments.

ÜBUNG

Wechseln vom Tun ins Sein

Vor allem, wenn Ihre To-do-Liste lang und der Zeitdruck groß ist, sollten Sie innerlich ab und zu zurücktreten und wahrnehmen, wie getrieben Sie innerlich sind. Gönnen Sie sich einen Moment Pause und spüren Sie Ihre Anspannung. Sie müssen nichts verändern, nehmen Sie nur wahr. Sind Ihre Kiefer zusammengebissen, ist der Bauch fest? Geben Sie sich den Raum und die Erlaubnis, Ihr Getriebensein zu spüren. Denken Sie nicht darüber nach, nehmen Sie es wahr, so wie es gerade ist.

Wenn Toni im Sein-Modus wäre, würde er jeden Tag an seiner alten Arbeitsstelle bewusst nutzen, um von den Kollegen Abschied zu nehmen und die Aufmerksamkeit auf die Erfahrungen und Anforderungen am heutigen Tag lenken. Er würde immer wieder aussteigen aus dem Sorgenzug und präsenter sein. Der Tun-Modus ist eher zukunftsorientiert, oft von Angst getrieben, mental, konzeptuell und bewertend. Der Sein-Modus ist eher gegenwartsorientiert, annehmend, wahrnehmungsorientiert. Es ist der Modus des beobachtenden Selbst.

DER WEG IST DAS ZIEL

Unser beobachtendes Selbst hat eher Prozesse im Blick. Für unser denkendes Ich hingegen zählen vorrangig Ziele und Ergebnisse. Beispielsweise muss ich heute noch schnell zur Bibliothek, um ein Buch abzugeben, weil die Leihfrist abgelaufen ist. Im Vordergrund steht das Ergebnis der Buchabgabe, die ich schnell erledigen möchte, denn auf meiner To-do-Liste drängen sich noch weitere Aufgaben, die ich

natürlich auch noch erledigen sollte. Eine Aufgabe nach der anderen muss abgehakt werden. Ein To-do reiht sich in meinem Kopf an das nächste. Sobald das eine abgehakt ist, taucht die nächste Aufgabe auf. Mein denkendes Ich steht dabei im Vordergrund. Viele erleben dies als Hamsterradgefühl – es ist ein inneres Getriebensein. Wir funktionieren, erleben dabei aber eher wenig.
Um wieder in Kontakt mit dem beobachtenden Selbst zu kommen, ist es wichtig, bewusst den Prozess zu erleben. Dann nehme ich wahr, wie ich auf dem Fahrrad sitze und zur Bibliothek radle. Ich sehe das blühende Rapsfeld neben mir und wie sich ein paar Krähen um eine Nuss streiten. Das bewusste Erleben dessen, was jetzt da ist, tritt in den Vordergrund. Meine Aufgabe, in der Bibliothek das Buch abzugeben, rückt in den Hintergrund. Sie macht nur einen kleinen Moment eines längeren Prozesses aus, der sich von Moment zu Moment entwickelt. Jeder Moment ist dabei gleichwertig. Und vielleicht nehme ich mir sogar noch etwas Zeit, um in der Bibliothek durch die Regale zu schlendern und zu schauen, was mich heute anspricht. Ich bin plötzlich in der Lage, meinen Tag zu genießen.

DER TÜCKISCHE IST-SOLL-ABGLEICH

Im Tun-Modus sind wir nicht in Schlenderlaune. Unser denkendes Ich vergleicht laufend das Ist mit dem Soll. Wenn der Einkauf oder die Besprechung länger dauert als erwartet, macht sich Druck breit. Schließlich warten noch andere Aufgaben in unserem Kopf und auf unserer Liste, die erledigt werden müssen. Die Gedanken werden reger und müssen wir einmal irgendwo warten, entsteht leicht Wut oder Frustration. Natürlich ist es oft wichtig und hilfreich, das vorrangige Ziel vor Augen zu haben – wenn es beispielsweise knapp wird, den Zug noch zu erreichen. Gut ist es aber zu wissen, dass uns die Gangschaltung unseres Geistes jederzeit ermöglicht, in einen anderen Gang zu wechseln. Jederzeit können wir in den Ich-hier-jetzt-Modus gehen und wirklich erleben, was gerade da ist. Diese Fähigkeit zu wechseln ist eine Form der psychischen Flexibilität. Sie setzt nur eben voraus, dass wir unser

beobachtendes Selbst kennen und diese Perspektive einnehmen können. Das aber können die meisten Erwachsenen heute nicht. Sie stecken im denkenden Ich fest und funktionieren mehr, als dass sie den Moment erleben. Sollte Ihnen das auch so gehen, dann sind Sie hier beim Lesen genau richtig. Je klarer Sie die eigentlich ganz einfachen Zusammenhänge verstehen, umso schneller wird es Ihnen auch gelingen, die Gangschaltung Ihres Geistes zu betätigen.
Wenn wir beispielsweise Zeitdruck haben, dann versuchen wir das angestrebte Ergebnis umso schneller zu erreichen. Unser denkendes Ich gaukelt uns vor, dass wir erst zufrieden sein können, wenn die Aufgabe erledigt ist, wenn der Einkauf geschafft ist, wenn das Buch in der Bibliothek abgegeben ist. Doch damit belügen wir uns selbst. Denn natürlich tauchen sofort die nächsten To-dos von unserer Liste auf und wir hetzen sofort weiter. Eine Reihe von E-Mails muss beantwortet werden, die Steuererklärung wartet, der Keller muss aufgeräumt werden. Das Hetzen und der Druck im Körper verschwinden erst, wenn es uns gelingt, uns aufmerksam auf den Prozess und das zu fokussieren, was wir jetzt in diesem Moment erleben. Dann haben wir eine sinnliche und erfüllte Zeit. Das Gespräch mit der Bibliothekarin über neu erschienene Bücher ist dann wichtiger und interessanter als das abgegebene Buch und die nächsten Punkte von der To-do-Liste. Das beobachtende Selbst richtet die Aufmerksamkeit auf den Prozess – von Moment zu Moment. Dabei bemerken wir unsere Ungeduld, unseren Ärger und den Druck im Körper. Wir erleben es, können es tragen – und uns entspannen.

Das Hin- und Herwechseln zwischen Objekt- und Prozessorientierung bedeutet psychische Flexibilität.

ÜBUNG

Freund-im-Kopf-Übung, Teil 1

Beginnen Sie mit dem ersten Schritt: Ich-hier-jetzt.

Halten Sie für einen Moment inne. Kommen Sie an dem Ort, an dem Sie sich gerade befinden, vollständig an. Sie müssen für einen Moment nichts leisten. Sie brauchen nur dort anzukommen, wo Sie gerade sind.

So wie Sie gerade sitzen oder stehen, sind Sie für diesen Moment in Ordnung.

Erlauben Sie sich, ganz hier zu sein. An diesem Ort, an dem Ihre Füße den Boden berühren. Machen Sie sich bewusst, Sie sind immer dort, wo ihre Füße sind. Spüren Sie in Ihren Körper hinein und hören Sie die Geräusche, die gerade auftauchen.

Seien Sie ganz bewusst an Ihrem Ort und nehmen Sie wahr, was jetzt da ist. Ich-hier-jetzt.

Ganz einfach, oder? Eine solche Übung liest sich wirklich beinah zu simpel. Dennoch ist sie für uns moderne und meist gestresste Menschen gar nicht so leicht umzusetzen. Entsprechend kann sie tiefe Veränderungen bewirken. Praktizieren Sie diese Freund-im-Kopf-Übung also immer und immer wieder. Nutzen Sie sie im Alltag zwischendurch am Schreibtisch, in der Warteschlange im Supermarkt, an der Bushaltestelle, wann immer Sie daran denken.

In den folgenden Kapiteln wird diese Übung Schritt für Schritt ergänzt und vertieft. Dabei wird jeweils das praktisch zusammengefasst, was Sie zum jeweiligen Zugang zum beobachtenden Selbst lesen werden. Die Gangschaltung Ihres Geistes zu nutzen, wird für Sie dabei immer mehr selbstverständlich und auch genussvoll.

ZWEITER ZUGANG:
AUFMERKSAMKEITSLENKUNG

Max sitzt vor mir in der Praxis, starrt vor sich hin und erzählt mir in unterbrochenen Sätzen etwas. Er springt von einem Thema zum nächsten. Es entstehen Pausen, dann erzählt er ein bisschen weiter. »Kann es sein, dass du gerade nicht ganz da bist?«, frage ich ihn. Max schaut mich überrascht an. »Ja, das stimmt. Ich bin in Gedanken irgendwo anders. Das ist oft so.« Damit ist Max für einen Moment mit seiner Aufmerksamkeit bei mir und in der Gegenwart.

Arthur Deikmann spricht von der Trance unseres alltäglichen Lebens: Wir sind häufig nur körperlich anwesend und in Gedanken ganz woanders. Wir nehmen dann auch unser Gegenüber nicht richtig wahr.

Es entsteht keine innere Verbundenheit oder Nähe. Genau das ist der Kernpunkt dessen, wovon wir hier im Buch sprechen: In unserem alltäglichen Leben verlieren wir ähnlich wie unter Hypnose das bewusste Erleben des Hier-und-Jetzt-Kontextes. Wir orientieren uns in einem gedanklichen Rahmen, ohne es zu merken. Wir sind mehr mit unserem inneren Film beschäftigt als beispielsweise mit der realen Person, die vor uns sitzt. Der reale Kontext wird nur noch als Randnotiz wahrgenommen. Unsere Gedanken und inneren Bilder erscheinen uns wichtiger.

Am deutlichsten wird dies, wenn sich Menschen in einer Problem- oder Symptomtrance befinden. Menschen, die in ihren Ängsten gefangen sind, machen sich häufig Sorgen und entwickeln Katastrophenfantasien. Sie stellen sich vor, eine schlimme Krankheit auszubrüten oder sich vor anderen zu blamieren. Menschen, die grübeln und sich depressiv fühlen, sehen das Glas meist halb leer. Die Gedanken kreisen um Verluste, Kränkungen oder unerfüllte Ansprüche und Erwartungen. Die schönen Aspekte des Lebens dringen nicht mehr zu ihnen durch. In Trance folgt die Aufmerksamkeit automatisch den sorgenvollen Gedanken.

ANGRIFFE VON INNEN

Unsere Kapazität für neue Informationen ist begrenzt. Wenn wir uns Sorgen um irgendetwas Zukünftiges machen oder uns selbst kritisieren, weil etwas schiefgelaufen ist, dann sind wir kaum in der Lage, unsere Umwelt oder andere Menschen wirklich wahrzunehmen. Es gelingt uns einerseits nicht mehr, die Realität tatsächlich in uns aufzunehmen und Informationen zu verarbeiten. Andererseits versuchen wir krampfhaft, weitere Details und Infos in Erfahrung zu bringen. Mit einem aktuell sorgenvollen Blick in die Zukunft aber nehmen wir vor allem weitere sorgenvolle Nachrichten auf. Die Medien sind voll davon. Mit einem aktuell selbstkritischen Blick fallen uns immer mehr vermeintliche Beweise für unser Versagen ein. Unsere momentane Sichtweise hat unsere Aufmerksamkeit gekapert und lenkt sie in ihrem Sinne. So hatte beispielsweise ein Klient von mir einen Terroranschlag überlebt und konnte sich von da an kaum noch auf sein Studium, sein Hobby oder seine Partnerschaft konzentrieren. Automatisch beschäftigten sich seine Gedanken nur noch mit Terroranschlägen überall in der Welt. In unseren Gesprächen wurde ihm bewusst, dass es seine Aufmerksamkeit nur noch zu diesem Thema gezogen hatte – automatisch, denn er lenkte sie nicht bewusst.

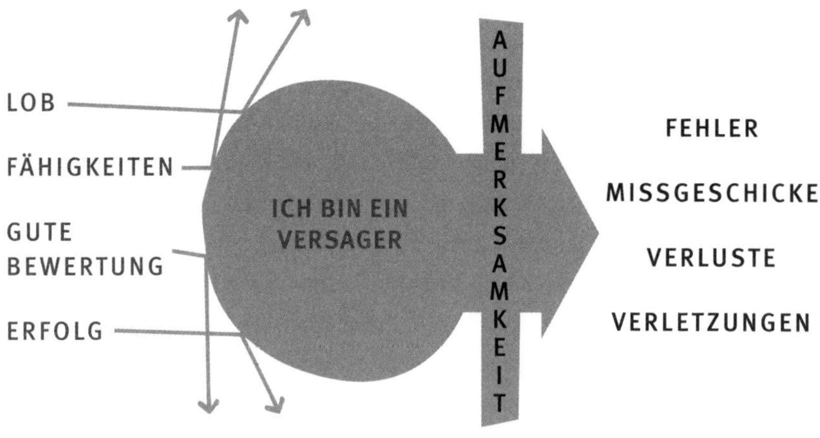

Insbesondere unsere Grundüberzeugungen wirken wie Magnete für unsere Aufmerksamkeit. Wir nehmen vor allem das wahr, was genau das bestätigt, was wir sowieso schon glauben. Wenn wir davon überzeugt sind, dass wir nicht kompetent oder wertvoll sind, dann bemerken wir vorrangig das, was wir als Anzeichen dafür deuten können. Unsere Glaubenssätze werden so immer neu gefestigt, ihnen widersprechende Informationen werden wie von einem unbewussten Filter aussortiert.

ANGRIFFE VON AUSSEN

So wie unsere Überzeugungen von innen her versuchen, unsere Aufmerksamkeit für sich zu nutzen, so tun dies auch Akteure im Außen. Smartphones, Tablets & Co. starten täglich neu einen Großangriff auf unsere mentalen Prozesse. Global agierende Großkonzerne verdienen Vermögen damit, unsere Aufmerksamkeit in ihrem Sinne zu lenken und an sich zu reißen. Die Algorithmen werden so programmiert, die Informationen und Belohnungsanreize werden so gestaltet, dass wir kaum anders können, als möglichst viel Zeit vor Bildschirmen zu verbringen. Wir befinden uns in einer Informationsblase. Wir können nicht mehr unterscheiden, was sind Fehlinformationen und was sind reale Fakten. Die meisten Erwachsenen, die ich kenne, sagen, dass sie viel mehr vor diesen Apparaten hocken, als sie das möchten. Und wenn sie es nicht schaffen, sich davon loszureißen, wie soll es dann unseren Kindern gelingen? Wenn in Kinderzimmern gedaddelt wird, sind die Kinder dort nicht allein. Gut bezahlte Psychologen, Werbespezialisten, Informatiker, Mathematiker und Betriebswirtschaftler sitzen ihnen versteckt gegenüber, beobachten sie beim Spielen und werten die Daten aus, um sie noch länger zum Zocken zu verführen. Alles wird ausgereizt, um geschickt das Belohnungssystem anzusprechen und wohldosiert das Stresssystem zu aktivieren, sodass eine anhaltende Aufmerksamkeitsbindung entsteht und der virtuelle Raum sozial, emotional und motivational viel interessanter scheint als Freunde auf dem Bolzplatz.

Die sogenannten sozialen Medien sind eigentlich sehr unsozial, sie verfolgen ein knallhartes ökonomisches Interesse.

Solange sich unsere Kinder aufmerksam mit ihrem Bildschirm beschäftigen, kann geschickt Werbung für noch genialere Games, Schminke und Pizza platziert werden. Der Preis ist sehr hoch. Es ist ein massiver Angriff auf die psychische Gesundheit junger Menschen, dies belegen inzwischen viele empirische Studien.
Die »unsozialen Medien« klauen uns Zeit und Aufmerksamkeit. Wir nutzen diese dann nicht mehr für reale Begegnungen und die direkte Verbundenheit mit dem Leben. Man könnte die Algorithmen durchaus so gestalten, dass sie echte Kontakte fördern. Das allerdings würde den Geschäftsinteressen der heute führenden Konzerne widersprechen. Und so bleiben wir weiter wie in Trance vor unseren Bildschirmen sitzen.

AUFWACHEN AUS DER TRANCE

Kennen Sie das, dass Sie am frühen Morgen noch halb in einem Traum oder Albtraum stecken? Um zu realisieren, dass es nur ein Traum ist, was Sie noch beschäftigt, hilft es am besten, die Aufmerksamkeit auf die reale Situation zu lenken. Sie liegen in Ihrem Bett, vielleicht zwitschern draußen die Vögel und Sie sind noch etwas schläfrig. Alles andere ist Kopfkino, ist nicht real. Durch die bewusste Lenkung unserer Aufmerksamkeit können wir zu jedem Zeitpunkt aus der alltäglichen Trance aussteigen und in der realen Situation ankommen. Das ist sehr machtvoll. Unsere Aufmerksamkeit ist wie der Lichtstrahl eines Scheinwerfers. Wir können damit nicht alles gleichzeitig beleuchten, sondern immer nur einen Teil unserer Lebensbühne. Und im besten Falle wählen wir bewusst, welcher Teil das ist.

Die gute Nachricht lautet, dass wir unseren Aufmerksamkeitsscheinwerfer trainieren können wie einen Muskel. Und eine weitere gute Nachricht ist, dass wir diesen Scheinwerfer umso flexibler einsetzen können, je besser trainiert er ist. Wie bei diesen Taschenlampen, deren Fokus verstellbar ist. Man kann den Lichtstrahl bündeln und gezielt ein Objekt anstrahlen oder man kann eher auf Weitwinkel stellen und eine etwas weitere Umgebung ausleuchten.

Eine gut trainierte Aufmerksamkeitslenkung lässt Sie im alltäglichen Leben klarer, entspannter und effizienter sein. Daher ermutige ich Sie, mit Ihrer Aufmerksamkeit zu experimentieren und sie flexibel und bewusst nutzen zu lernen. Sie tun dies bereits, indem Sie sich durch dieses Buch arbeiten, und auch viele Meditationsverfahren und Achtsamkeitsansätze stellen das Training der Aufmerksamkeit in den Vordergrund.

AUFMERKSAMKEIT VERSUS DENKEN

Aufmerksamkeit und Denken sind meist eng miteinander verbunden. Wenn wir uns gedanklich mit etwas beschäftigen, dann bindet es unsere Aufmerksamkeit an sich. Und da wir, wie bereits beschrieben, meist automatisch denken, wird unsere Aufmerksamkeit vom denkenden Ich gekapert. Es ist, als ob wir einen aufdringlichen Nachbarn hätten, der uns ständig über den Gartenzaun hinweg anredet und uns eine Geschichte nach der anderen erzählt, während wir eigentlich gern etwas anderes tun würden. Rücksichtslos reißt er unsere Aufmerksamkeit an sich.

Sie können Ihre Aufmerksamkeit aber natürlich jederzeit bewusst auf etwas anderes lenken. Sie ziehen sie von Ihrem Denken ab, wenn Sie beispielsweise probieren, mit zwei oder drei Bällen zu jonglieren, wenn Sie ein Lied singen oder einfach den Geschirrspüler ausräumen. Dann bleibt nur noch wenig Kapazität zum Nachdenken. Indem Sie immer wieder bewusst die Aufmerksamkeit von Ihren automatischen Gedanken wegnehmen, verlieren diese Gedanken an Bedeutung. Sie bekommen nicht mehr so viel Energie und Ihre Fähigkeit, Ihre Aufmerksamkeit zu lenken, wird ausgebaut.

Was passiert denn meistens? Wir lenken unsere Aufmerksamkeit auf eine bestimmte Tätigkeit und nach einer Zeit wandert sie ab. Vor allem bei unangenehmen Aufgaben fallen uns ständig andere Dinge ein, die erledigt werden sollten oder die wir doch jetzt einfach »mal kurz« machen könnten. Sobald wir gedanklich auf diese Ideen einsteigen, entfernen wir uns immer weiter von der Aufgabe, mit der wir gerade eigentlich beschäftigt sind.

Wenn wir das bemerken, dann kommt unser beobachtendes Selbst ins Spiel. Wir steigen aus dem Gedankenzug aus. Wir realisieren, was gerade los ist, und lenken unsere Aufmerksamkeit dann bewusst auf das, was uns momentan wichtig ist. Natürlich dauert es nicht lange und wieder schnappt sich irgendeine automatisch generierte Idee diese Aufmerksamkeit. Wir sind erneut abgelenkt … bis wir wieder mithilfe unseres beobachtenden Selbst bemerken, was da passiert. Ich spreche an dieser Stelle von einer Aufmerksamkeitsschnecke. Wenn Sie sich ein Schneckenhaus vorstellen, richten wir unsere Aufmerksamkeit beim bewussten Tun auf den zentralen Punkt – und dann wandert er wieder weiter nach außen in andere Bereiche. Bis wir uns neu fokussieren. Unser beobachtendes Selbst ist die Instanz, die uns fokussiert und uns damit auch entspannter und am Ende erfolgreicher sein lässt.

*Es lohnt sich sehr,
die Aufmerksamkeitslenkung
mithilfe des beobachtenden Selbst zu trainieren.*

ZUGANG ZUM BEWUSSTSEINSRAUM

Unser beobachtendes Selbst kann äußere Phänomene wie Geräusche und innere Phänomene wie Stimmungen gleichwertig wahrnehmen. Meist differenzieren wir das nicht und bemerken einfach eine Grundstimmung. Wenn wir bewusster wahrnehmen, können wir beobachten, wie sich Außen und Innen wechselseitig beeinflussen. Wenn wir beispielsweise am Meer entlangspazieren, dann können wir die salzige Luft riechen und schmecken – und gleichzeitig die Gesamtsituation erleben, die Weite des Meeres und das freie Urlaubsgefühl. Die äußere Weite führt zu einem inneren Gefühl der Weite und Offenheit. Ähnlich, wenn wir ein Musikstück hören. Wir können uns auf akustische Reize wie einzelne Töne oder das Drumming fokussieren, können Melodien verfolgen – und gleichzeitig ist da das Gefühl, das die Musik in uns weckt.
Mit unserer Aufmerksamkeit können wir zwischen inneren und äußeren Wahrnehmungen switchen. Was wir mit unseren Sinnen aufnehmen, beeinflusst unser Empfinden, und das wiederum beeinflusst, was wir von dem, was um uns herum und in uns da ist, bemerken. Wenn uns der Anblick der Bäume im Wald beruhigt, dann schauen wir noch genauer hin, werden langsamer und noch ruhiger.
In unserem Alltag allerdings sind wir geübt darin, einen schmalen Fokus zu wählen, um auf kleine Bildschirme zu schauen. Unsere Aufmerksamkeit richtet sich auf Visuelles, ihr folgen Denkprozesse. Wir denken über die auf den Bildschirmen präsentierten Inhalte und Bilder nach, setzen Sie zu uns selbst und unsere Lebenssituation in Beziehung, leiten Meinungen oder anstehende Aktivitäten daraus ab und so weiter. Das denkende Ich steht im Mittelpunkt, das beobachtende Selbst tritt in den Hintergrund. Für die Wahrnehmung von körperlichen Empfindungen, Gefühlen und dem realen Erleben in unserer Umgebung bleibt kaum oder gar keine Aufmerksamkeit übrig. Mit dem folgenden Trainingsimpuls können Sie diese Verhältnisse verändern und Ihrem beobachtenden Selbst Raum geben.

ÜBUNG

Den Fokus verändern

Um wieder Zugang zum Raumerleben des beobachtenden Selbst zu erhalten, können Sie Ihre Aufmerksamkeit aktiv umlenken. Nehmen wir an, Sie sitzen vor einem Bildschirm, wie wir das heute alle ja sehr oft tun, dann beginnt es damit, dass Sie innehalten und gewissermaßen »zu sich kommen«. Bemerken Sie, was Sie tun. Sie können sich dafür auch einen Alarm auf Ihrem Smartphone einstellen, der Sie beispielsweise stündlich daran erinnert, diese Übung zu machen und den Fokus Ihrer Aufmerksamkeit zu verändern.

Ziehen Sie die Aufmerksamkeit vom Bildschirm weg und lenken Sie sie auf Ihre reale Umgebung. Was sehen Sie? Lassen Sie Ihren Blick durch den Raum schweifen. Während Sie sehen, nehmen Sie auch gleichzeitig Geräusche wahr? Pendeln Sie mit der Aufmerksamkeit zwischen dem, was Sie sehen, und dem, was Sie hören.

Lenken Sie die Aufmerksamkeit nun zu Ihrem Körpererleben. Spüren Sie, wie Sie sitzen, lümmeln oder stehen. Erleben Sie dann auch Ihr Körperinneres. Wie fühlt es sich in Ihnen an? Vielleicht möchte sich Ihr Körper bewegen. Lassen Sie es zu und nehmen Sie wahr, wie Sie sich strecken oder durch den Raum gehen.

Wechseln Sie mit dem Fokus dann wieder zu dem, was es in Ihrer Umgebung zu sehen und zu hören gibt. Blicken Sie vielleicht auch aus dem Fenster. Spielen Sie mit Ihrer Aufmerksamkeit und üben Sie, sie ganz bewusst und aktiv zu lenken und sich dabei zu erleben. Vielleicht gelingt es Ihnen dabei auch immer besser, Ihre Aufmerksamkeit auf »Weitwinkel« einzustellen und sowohl den Raum um Sie her zu sehen als auch Geräusche zu hören als auch den Körper zu spüren. Experimentieren Sie damit und wenden Sie sich nach einer Zeit wieder der Tätigkeit zu, die gerade ansteht.

Wozu wir die Aufmerksamkeitslenkung nicht verwenden sollten

Es ist unschätzbar wertvoll, die eigene Aufmerksamkeit bewusst lenken und führen zu lernen. Es wird Sie klarer, entspannter, gelassener, konzentrierter und nicht zuletzt auch erfolgreicher, weil effizienter machen. Worum es dabei nicht geht, ist, dass Sie die Aufmerksamkeitslenkung dafür zu nutzen versuchen, unliebsame Gedanken, Gefühle oder Aufgaben zu vermeiden. Es geht auch nicht darum, automatische Gedanken zu unterdrücken. Unterdrückung bewirkt eher das Gegenteil. Wir beschäftigen uns dann sogar mehr mit diesen Themen. Sie brauchen auch nicht aktiv nachzuhelfen, dass die Gedanken vorbeiziehen. Sie verschwinden von allein.

Durch die bewusste Lenkung Ihrer Aufmerksamkeit lernen Sie, aus Gedankenketten auszubrechen und Ihre natürliche Fähigkeit zurückzuerhalten, frei zu entscheiden, worauf Sie Ihren Fokus lenken wollen. Das ist ungewohnt und deshalb nicht immer leicht. Haben Sie also Geduld mit sich.

KOPFKINO UND REALITÄT

Oft sind wir mit so vielen Reizen konfrontiert, dass sich unser Arbeitsgedächtnis nur noch mit dem beschäftigt, was für uns gerade wichtig ist und im Vordergrund steht. Alles andere gerät in den Hintergrund oder wird komplett ausgeblendet. Das ist natürlich auch gesund und wichtig, wenn wir mit irgendeiner Sache vorankommen und zum Beispiel eine Arbeit fertigstellen wollen. Aber es kann uns auch eng und handlungsunfähig machen, wenn wir uns beispielsweise in Grübeleien verfangen und gar nicht mehr bemerken, was eigentlich in der Realität geschieht. Das beobachtende Selbst behält immer diesen Bezug zum Hier und Jetzt.

ERLEBEN

Aufmerksamkeit erhöht Bewusstheit

Sobald wir unsere Aufmerksamkeit bewusst lenken, erhöht sich die Bewusstheit. Das macht uns auch bei längeren Tätigkeiten wacher und entspannter. Probieren Sie es einmal in einer Arbeitspause aus: Legen Sie eine Hand auf den Bauch, eine Hand auf die Brust und achten Sie auf die Atembewegung. Spüren Sie, wie die Luft einfließt und wie sich Brust oder Bauchdecke heben … und senken. Spüren Sie in Ihre Handflächen hinein. Spüren Sie in Ihren Bauchraum hinein. Spüren Sie die Bewegung Ihres Atems. Seien Sie sich zugleich dessen bewusst, dass Sie gerade Ihren Atem wahrnehmen. Bemerken Sie, wie Sie durch die Aufmerksamkeitslenkung auf Atem und Handflächen bewusster geworden sind.

Ein typisches Beispiel dafür ist ein Gespräch, das ich mit einer Klientin während eines Spaziergangs führte. Während der Coronazeit fanden diese Gespräche häufiger draußen statt. Wir liefen und sprachen und sie verstrickte sich immer wieder in sorgenvolle Gedanken über die Zukunft. Zwischendurch fragte ich sie, ob sie noch mitbekomme, dass sie spazieren geht und sich dabei Sorgen macht. Urplötzlich wurde ihr das Hier und Jetzt bewusst. Indem sie wieder die Bewegungen ihres Körpers wahrnahm, gewann sie Abstand zu ihren Gedanken. Die Realität bestand in dem Moment darin, dass wir gemeinsam Feldwege entlangliefen und uns unterhielten. Alles andere war Kopfkino. Bewusst gelenkte Aufmerksamkeit bringt uns in die Perspektive des beobachtenden Selbst. Zum Freund im Kopf.

DEN AUFMERKSAMKEITS-SCHEINWERFER TRAINIEREN

Was ich Ihnen in diesem Kapitel nahebringen möchte, ist letzten Endes immer wieder das Gleiche. Ich zeige Ihnen unterschiedliche Wege vom denkenden Ich zum beobachtenden Selbst, zu Ihrem Freund in Ihrem Kopf. Alle fünf Zugänge führen dorthin und auch die unterschiedlichen Anregungen hier bei Zugang zwei machen nichts anderes. Es ist nicht nötig, dass Sie alle praktischen Übungen durchführen. Lassen Sie sich am besten davon inspirieren und experimentieren Sie damit. Die Freund-im-Kopf-Übung am Ende der einzelnen Unterkapitel ist aus meiner Sicht die wesentliche Praxis, alles andere sind zusätzliche und vielleicht genau für Sie optimale Angebote zum Ausprobieren. So auch die folgenden.

ERLEBEN

Ganz Ohr sein

Auch über die Aufmerksamkeitslenkung zum Hören hin kommen Sie ganz in den Augenblick und in Ihr beobachtendes Selbst. Schließen Sie für einen Moment Ihre Augen und lauschen Sie. Welche Geräusche nehmen Sie gerade wahr? Kommen Sie ganz im Hören an. Das Rauschen der Blätter, die Geräusche der Stadt, sie sind eine Einladung, für einen Moment innezuhalten und ganz Ohr zu sein. Sich für einen Moment zu erlauben, nichts zu tun. Lauschen Sie in den Raum, der Sie umgibt. Geräusche kommen und gehen. Nehmen Sie auch die Ruhe zwischen den Geräuschen wahr oder das Hintergrundgeräusch, an das Sie sich schon längst gewöhnt haben.

ERLEBEN

Aufmerksam gehen

Anfangs finden es die meisten Menschen leichter, die Aufmerksamkeitslenkung zu üben, während sie körperlich still sitzen oder stehen. Es funktioniert aber auch in der Bewegung, zu Beginn ganz langsam, später sogar in einem normalen Tempo, beispielsweise beim Gehen. Probieren Sie das einmal aus:

Gehen Sie in einem langsamen Tempo und achten Sie darauf, wie Ihre Füße den Boden berühren. Gehen Sie aufrecht und schauen Sie nicht auf Ihre Füße. Ihr Körper weiß, wie Gehen funktioniert. In Ihrem Bewusstsein erleben Sie es jetzt, als wäre es das erste Mal.

Spüren Sie, wie Sie eine Fußsohle abrollen und dann die andere. Achten Sie auf die Körperempfindung in Ihren Füßen. Spüren Sie, wie Ihre Füße den Boden berühren. Nehmen Sie wahr, wie Sie Ihre Füße heben und senken. Nehmen Sie bewusst jeden Schritt wahr.

Wenn Sie mit Ihrer Aufmerksamkeit vom Gehen abweichen, weil beispielsweise Gedanken aufkommen, dann lenken Sie die Aufmerksamkeit sanft zurück auf die Gehbewegung. In diesem Moment geht es nur darum, diesen einen Schritt wahrzunehmen.

Wählen Sie die Geschwindigkeit, die für Sie gerade richtig ist, sodass Sie mit Ihrer Aufmerksamkeit ganz bei der Gehbewegung sein können.

Was spüren Sie in Ihren Fußsohlen? Was spüren Sie in Ihren Füßen und Beinen?

Gehen Sie ein paar Minuten so achtsam und beenden Sie dann bewusst die Übung, um sich wieder etwas anderem zuzuwenden.

ÜBUNG

Freund-im-Kopf-Übung, Teil 2

Vertiefen Sie den ersten Schritt, das Ich-hier-jetzt, durch bewusste Aufmerksamkeitslenkung.
Halten Sie für einen Moment inne. Kommen Sie an dem Ort, an dem Sie sich gerade befinden, vollständig an. Sie müssen für einen Moment nichts leisten. Sie brauchen nur dort anzukommen, wo Sie gerade sind. So wie Sie gerade sitzen oder stehen, sind Sie für diesen Moment in Ordnung.

Spüren Sie, wie Ihre Füße den Boden berühren. Spüren Sie in Ihre Fußsohlen und Knöchel hinein. Sie sind mit Ihrer Aufmerksamkeit ganz und gar dort, wo Ihre Füße sind.

Dann lenken Sie Ihre Aufmerksamkeit auf das, was Sie hören. Welche Geräusche nehmen Sie wahr? Hören Sie etwas aus benachbarten Räumen?
Oder hören Sie Geräusche der Natur? Zwitschern die Vögel, hören Sie das Rauschen der Bäume im Wind? Fahren Autos vorbei? Seien Sie offen für jedes Geräusch.

Und nun bringen Sie die Aufmerksamkeit auf das Sichtbare. Was sehen Sie? Schauen Sie sich um. Was sehen Sie in dem Raum, in dem Sie sich befinden? Was tut sich auf vor Ihren Augen? Was ist im Vordergrund? Was im Hintergrund? Welche Farben und Formen sehen Sie?

Pendeln Sie hin und her zwischen dem, was Sie in Ihren Füßen und in Ihrem ganzen Körper spüren, und dem, was Sie hören und sehen. Kommen Sie ganz an im Wahrnehmen und Spüren.

So, wie Sie jetzt hier sind, an diesem Ort, sind Sie in Ordnung. Erlauben Sie sich für einen Moment, aufmerksam und bewusst da zu sein.

DRITTER ZUGANG:
BEWUSSTHEIT FÜR GEDANKEN

Ich möchte noch einmal an Luka und seine Exfreundin erinnern. Der junge Mann hängt immer wieder in der Gedankenschleife »Warum hat sie mich verlassen?«. Wenn diese Gedanken auftauchen, dann ist es wie ein Sog für ihn, immer weiter darüber nachzudenken – Gedanken zu entwickeln, andere zu verwerfen, weiterzugrübeln. Luka hat keinen Abstand zu seinen Gedanken.

So geht es auch Simone mit ihren Sorgen. Immer neu durchdenkt sie das anstehende Seminar. Was könnte schiefgehen? Wie sollte sie auf mögliche Fragen oder auf Kritik reagieren? ... Auch sie ist vollkommen mit ihren Gedanken identifiziert. All das, was sie denkt, könnte ja passieren, deshalb ist es für sie wichtig, vorbereitet zu sein.

Luka und Simone stehen stellvertretend für uns und unsere Phasen, in denen wir verstrickt sind in Gedanken wie: »Habe ich mich falsch verhalten?«, »Was denken die anderen über mich?« oder »Bin ich gut genug?« Aber das sind nur Gedanken in unseren Köpfen und nicht die Realität. Am liebsten möchte ich solchen Menschen zurufen: »Wach auf, es sind nur Gedanken!« Noch besser wäre es natürlich, wenn sie es selbst bemerken würden. Wenn Luka denken würde: »Ah, ich habe wieder den Gedanken: Warum hat mich meine Freundin verlassen? Den habe ich schon so oft gedacht und es hat mir nichts gebracht.« Dann könnte Luka aussteigen. Er könnte die Aufmerksamkeit auf sein Hobby lenken, wieder Fahrradfahren gehen, Freunde treffen oder einfach zur Ruhe kommen. Er hätte Abstand zu seinen Gedanken und könnte wählen, womit er sich beschäftigt. Er könnte wieder offen und bewusst das Leben genießen.

Ohne beobachtendes Selbst sind wir mit unserem Verstand wie verklebt und den Gedankenketten ausgeliefert. Mit dieser Bewusstheit können wir sehen, was unser Verstand treibt. Wir können lernen,

Abstand zu nehmen, und wählen, womit wir uns beschäftigen wollen. Simone könnte dann wählen, dass es okay ist, die Dinge auf sich zukommen zu lassen und zu beobachten, was passiert.

ES IST IHRE ENTSCHEIDUNG

Mit diesem dritten Zugang zum beobachtenden Selbst entdecken Sie die besondere Fähigkeit Ihres Geistes, sich der eigenen Gedanken bewusst zu werden. Ihr Bewusstsein steht nicht auf derselben Stufe wie all die Gedanken, die Sie denken. Es ist eher zu vergleichen mit einem Passagier, der auf dem Bahnsteig steht und die Züge mit etwas Abstand vorbeifahren sieht. Er entscheidet bewusst, ob und in welchen Zug er einsteigt. Er kann auch einfach in der Bahnhofshalle stehen und aufmerksam vorbeifahrende Züge beobachten.

Wenn wir in einen Zug einsteigen, dann steigen wir damit in die Geschichte und die Gedankenkette ein, die mit diesem Thema verbunden sind. Wenn Sie einmal in einem Gedankenzug sitzen, dann haben Sie den inneren Abstand verloren. Sie sind innerlich verstrickt und es dauert meist eine Weile, bis Sie sich dessen bewusst werden: »Ah, das sind ja nur Gedanken.« Sobald wir das wieder sehen können, ist der nötige Abstand da und wir können aus dem Zug aussteigen. Solange wir noch auf dem Bahnsteig stehen, können wir den Zug auch vorbeifahren lassen.

Ich habe mich entschieden, mich jetzt mit diesem Textabschnitt zu beschäftigen. Ich konzentriere mich auf diese Zeilen und das, was ich schreiben möchte. Das ist der Zug, in dem ich gerade sitzen möchte. Und sobald ich zufrieden bin, steige ich wieder aus und beschäftige mich mit dem nächsten Abschnitt. So können wir uns letztlich immer bewusst entscheiden, womit wir uns gedanklich beschäftigen wollen. Wenn wir sehr gestresst sind, fällt uns das deutlich schwerer, dann dringen in unser Arbeitsgedächtnis all die Themen ein, die wir gerade als bedrohlich empfinden. Umso wichtiger ist es, immer wieder auszusteigen und vom Bahnsteig aus ein paar Züge vorbeifahren zu lassen.

Es gibt Züge, die wie in einem Kreisverkehr immer wieder in den Bahnhof einfahren. Wenn wir das erkennen, haben wir das schon einmal erwähnte metakognitive Bewusstsein aktiviert: »Ah ja, da kommt wieder der Zug mit den Arbeitssorgen.«
Wenn wir unsere Gedanken als etwas Externes betrachten, wie etwa Züge oder Wolken, dann fällt es uns leichter, sie zu beobachten. Dann nehmen wir die Inhalte nicht so persönlich. Unser denkendes Ich steht dann nicht mehr so im Zentrum. Es ist überaus befreiend, nicht mehr so stark in den eigenen Denkschleifen gefangen zu sein. Deswegen möchte ich Ihnen im Folgenden Möglichkeiten zeigen, immer schneller die Tür zu finden oder sogar die Notbremse zu betätigen, sodass Sie aus dem Zug herauskönnen.

WIE ABSTAND NEHMEN?

Wenn wir es seit Jahrzehnten gewohnt sind, all unseren Gedanken Glauben zu schenken, ist es ein Lernprozess, immer wieder auf Abstand und nicht mehr jedem Gedanken auf den Leim zu gehen. Dieses gesamte Buch hat ein vorrangiges Ziel: dass Sie Gedanken als das wahrnehmen lernen, was sie sind. Es sind Ereignisse in Ihrem Kopf und nicht die Realität. Unsere Gedanken stellen sich oft vor die Realität, sie sind etwas Vor-gestelltes. Sie verdecken das, was wirklich und real da ist.

*Unser Verstand
ist ein sehr geübter und
überzeugender Geschichtenerzähler.*

Da dies meist unbewusst abläuft und wir es jahrzehntelang trainiert haben, brauchen wir Zeit, um dieses Spiel zu durchschauen und nicht mehr mitzumachen. Seien Sie also bitte geduldig mit sich selbst und gehen Sie mit mir Schritt für Schritt durch diesen nicht immer einfachen, aber immer sehr wertvollen und lohnenden Prozess.
Bei genauer Betrachtung sind Gedanken nichts anderes als inneres Sprechen. Wir unterhalten uns in unserem Kopf mit uns selbst.
Wir sitzen gewissermaßen mit uns selbst am Tisch und erzählen uns eine Geschichte oder eine Theorie. Wir erzählen: »Ich bin nicht gut genug« oder »XY ist ein Betrüger« oder »Das wird eine Katastrophe«.
Es sind Geschichten, die wir nicht mit realen Ereignissen und Fakten des Lebens verwechseln sollten.
Sie können Ihren Verstand als einen großartigen, fantasievollen Geschichtenerzähler betrachten. Er macht das so geschickt, dass Sie meistens gar nicht bemerken, was er tut. Sie halten sein Geplapper für absolut und richtig. Wenn Sie hingegen Abstand gewinnen, dann hören Sie ihm einfach zu und bemerken, welche Geschichten ihn gerade beschäftigen. Das kann sehr interessant sein und es hat eine andere Qualität, als wenn Sie sich in diese Geschichten hinein verstricken.

REFLEXION

Gedankentagebuch

Wenn Sie sich sehr oft und intensiv in Ihre Gedanken verstricken, dann nehmen Sie sich Zeit, sie aufzuschreiben. Welche Geschichten erzählt Ihnen Ihr Verstand? Schreiben Sie die Assoziationen auf. Auch auf diese Weise nehmen Sie Abstand.

VERSCHMOLZEN MIT GEDANKEN

Vor Jahren habe ich mit meinem Sohn Vokabeln gelernt. Jedes Mal, wenn er ein paar Vokabeln nicht konnte, begann er, sich selbst laut zu beschimpfen: »Ich bin dumm. Ich bin dumm …« Zunächst hörte ich etwas hilflos seiner Selbstbeschimpfung zu. Ich wollte ihn davon abhalten, sich immer mehr mit dem Satz »Ich bin dumm« zu identifizieren. Doch nach einer Weile bat ich ihn, ein kleines Experiment mitzumachen: »Wir können ja mal gemeinsam den Satz ›Ich bin dumm‹ immer wieder aufsagen.« Mein Sohn schaute mich überrascht an. Ich aber fing an und bald sagten wir beide laut: »Ich bin dumm. Ich bin dumm. Ich bin dumm … dumm, dumm, dumm.« Irgendwann begannen wir zu lachen. Je öfter wir den Satz sagten, desto weniger hörten wir die Bedeutung und bald waren es einfach nur noch Geräusche: »Ichbindumm-dummdummichbindummdummdumm …« In den folgenden Wochen lernte ich immer wieder Vokabeln mit meinem Sohn. Der Satz »Ich bin dumm« kam kaum mehr vor. Und wenn doch, stimmten wir gemeinsam in unseren »IchbindummIchbindummdummdumm«-Rap ein. Indem ein Gedanke unterdrückt wird, laden wir ihn mit Bedeutung auf und geben ihm Macht. Wollen wir das?

REFLEXION

Sich lachend entschmelzen

Vielleicht kennen Sie auch Sätze, mit denen Sie völlig verklebt sind. Wir nennen das Fusion. Schreiben Sie diese Sätze auf und wiederholen Sie sie mehrfach. Es handelt sich nur um Worte, Sprache, Geräusche. Indem Sie lachen, gewinnen Sie Abstand.

REFLEXION

Wie intensiv erleben Sie Fusion?

Stellen Sie sich folgende Fragen und antworten Sie mit Ja oder Nein.

- Ich bin oft so verstrickt in meine Gedanken, dass ich kaum zu dem komme, was ich eigentlich tun will.
- Meine Gedanken lösen oft Ängste oder emotionalen Schmerz in mir aus, obwohl das meist übertrieben ist.
- Gewöhnlich durchdenke ich Probleme wieder und wieder, obwohl es mir nichts mehr bringt.
- Ich kann meine Selbstkritik oder Grübeleien nicht stoppen.
- Ich bin wütend auf mich, dass ich so viel denke.
- Häufig stelle ich Warum-Fragen und komme zu keinem Ende.

Wenn Sie drei oder mehr Aussagen bejaht haben, dann sind Sie eher stark verschmolzen mit Ihren Denken. Ihnen gelingt es nur selten, Abstand zu finden. Dass Gedanken keine Fakten sind, sondern nur Phänomene in Ihrem Kopf, ist für Sie eher fremd. Entdecken Sie die Gangschaltung Ihres Geistes. Es wird eine große Bereicherung für Ihr Leben sein, immer wieder Abstand zu Ihrem Denken zu finden.

Wenn Sie zwei oder weniger Aussagen bejaht haben, dann nehmen Sie Ihre Gedanken nicht so ernst. Sie finden immer wieder Abstand und lassen sich von Ihrem eigenen Denken nicht tyrannisieren. Ihnen gelingt es, die Perspektive zu wechseln und Ihr Denken als Werkzeug zu nutzen. Entdecken Sie diesen Bewusstseinsraum und die innere Flexibilität noch mehr. Es lohnt sich, immer wieder Auswege aus der Gedankenfalle zu finden und darin kreativ und geübt zu sein.

Sätze wie »Ich bin dumm«, »Ich bin nicht gut genug«, »Ich bin nicht liebenswert« entfalten vor allem dann ihre Wirkung, wenn wir sie glauben und sie unsere innere volle Zustimmung haben. In der Akzeptanz- und Commitmenttherapie (ACT) wird dies auch als Fusion bezeichnet. Wir sind mit der Bewertung fusioniert, verschmolzen, vereint.
Letztens begegnete mir eine Person in einem Zug. Ist die aber unsympathisch, dachte ich spontan. Mir war dieser Mensch noch nie begegnet und mein Verstand hatte ihn automatisch in die Kategorie »unsympathisch« einsortiert – bis mir klar wurde, dass er Ähnlichkeiten mit einer Person hatte, mit der ich vor Jahren Streit hatte. So assoziativ und bewertend funktioniert unser Geist.

FUSIONEN ERKENNEN

Es gibt sehr schmerzhafte Sätze, in denen wir uns total verheddern können. So wie bei Maike. Sie wollte mit einer Präsentation ihren Chef beeindrucken, hatte sich perfekt vorbereitet, jedes Wort auswendig gelernt … Doch während der Präsentation bemerkte sie, wie ihr Chef immer wieder auf seinem Handy herumtippte und halb abwesend wirkte. In ihrem Kopf hämmerten sofort die Sätze: »Ich bin nicht wichtig. Ich bin nicht gut genug. Er hat kein Interesse …«
Solche Sätze tun weh. Mit jedem Satz dieser Art greifen wir unsere Seele an, vor allem, wenn wir daran glauben. Sie lösen Minderwertigkeitsgefühle, Unsicherheit und Schamgefühle aus. Und es kann sein, dass wir an diesen Sätzen und Geschichten, die unser Verstand uns erzählt, hängen bleiben und sie wieder und wieder durchgehen. Die realen Fakten spielen dann keine Rolle mehr – möglicherweise hatte der Chef einen schlechten Tag, weil seine Tochter überraschend ins Krankenhaus musste und er sich einfach Sorgen machte. Sein Verhalten hatte vielleicht gar nichts mit Maike und ihrer Präsentation zu tun.
Genau das gilt fast immer. Solche Sätze, mit denen wir uns selbst verletzen, haben meist gar nichts mit der momentanen Realität zu tun.

Es sind Aussagen, die wir früher sehr oft gehört und einfach übernommen haben. Oder wir haben sie in früheren schmerzhaften Situationen für uns entwickelt und seither nicht mehr hinterfragt. Wir glauben sie. Sie erscheinen uns wahr und richtig und wir können nicht mehr unterscheiden, was real ist und was uns unsere Glaubenssätze einreden.

REFLEXION

Welche Gedanken glauben Sie?

Unser Verstand äußert immer wieder dieselben Sätze, automatischen Gedanken und Bewertungen. Deshalb ist es gut, die eigenen Themen zu kennen und schriftlich festzuhalten. Es geht nicht darum, dass diese Sätze falsch oder richtig wären, sondern darum, sich die eigenen tief verwurzelten Glaubenssätze bewusst zu machen. Sie können für sich selbst prüfen, ob Sie weiterhin an diese Sätze glauben wollen oder ob es langsam an der Zeit ist, sich davon zu lösen. Unser denkendes Ich definiert sich über solche Sätze und Bewertungen – für das beobachtende Selbst sind dies einfach nur Phänomene in unseren Köpfen, die mit Abstand betrachtet werden können.
Im folgenden Fragebogen habe ich verschiedene Glaubenssätze, Gedanken, Bewertungen und Regeln aufgeführt, die weit verbreitet sind. Geben Sie in der Übersicht an, welche dieser Gedanken Ihnen häufig, manchmal oder selten durch den Kopf gehen. Vielleicht ist auch nur ein Gefühl spürbar, hinter dem sich der Glaubenssatz verbirgt.
Bearbeiten Sie möglichst alle Aussagen der Reihe nach, ohne eine auszulassen. In den leeren Zeilen können Sie eigene Beispiele, Gedanken oder Bewertungen ergänzen, die für Sie typisch sind. Ein paar Hintergrundinformationen zu den einzelnen Gedankengruppen finden Sie am Ende der Tabelle.

Dieser Gedanke geht mir durch den Kopf ...	häufig	manchmal	selten
1. Gedanken über das eigene Selbst			
Ich bin nicht liebenswert.	☐	☐	☐
Ich bin nicht gut genug (nicht intelligent, attraktiv, erfolgreich ... genug).	☐	☐	☐
Ich bin fehlerhaft.	☐	☐	☐
Ich bin schwach und verletzlich.	☐	☐	☐
Allein bin ich nicht überlebensfähig.	☐	☐	☐
Ich bin verlassen und schutzlos.	☐	☐	☐
Ich bin ein Opfer.	☐	☐	☐
Mittelmäßig zu sein ist eine Schande.	☐	☐	☐
Kritik oder Misserfolg sind eine Bedrohung.	☐	☐	☐
Ich muss selbstbewusst auftreten und darf keine Schwäche zeigen.	☐	☐	☐
Das sind alles Idioten, denen werde ich es zeigen!	☐	☐	☐
Ich bin besser als alle meine Kollegen.	☐	☐	☐
Ich muss vorsichtig sein.	☐	☐	☐
Andere reden oder denken schlecht über mich.	☐	☐	☐
Andere lachen über mich.	☐	☐	☐
Ich muss stark und unabhängig sein.	☐	☐	☐
Ich muss alles selbst erledigen.	☐	☐	☐
Wenn man stark ist, braucht man keine Hilfe.	☐	☐	☐
Es ist schlimm, auf Hilfe angewiesen zu sein.	☐	☐	☐
Sonstige:	☐	☐	☐

Dieser Gedanke geht mir durch den Kopf ...	häufig	manchmal	selten
2. Muss- und Soll-Regeln			
Ich muss anderen überlegen sein.	☐	☐	☐
Ich muss besser sein als andere.	☐	☐	☐
Ich darf nicht Nein sagen.	☐	☐	☐
Ich darf keine Fehler machen.	☐	☐	☐
Ich darf andere nicht enttäuschen.	☐	☐	☐
Ich darf keine Schwäche zeigen, sonst blamiere ich mich.	☐	☐	☐
Ich muss möglichst immer perfekt sein.	☐	☐	☐
Kritik an meiner Person muss ich abwehren.	☐	☐	☐
Andere müssen sich so verhalten, wie ich es mir vorstelle.	☐	☐	☐
Wenn Menschen von Regeln abweichen, müssen sie zurechtgewiesen werden.	☐	☐	☐
Sonstige:	☐	☐	☐
3. Gedanken und Gefühle			
Das ist furchtbar, das ist eine Katastrophe!	☐	☐	☐
Das ist für mich unerträglich.	☐	☐	☐
Ich fühle mich verantwortlich und schuldig.	☐	☐	☐
Ich darf keinen Fehler machen.	☐	☐	☐
Ich bin peinlich und gehöre nicht dazu.	☐	☐	☐
Ich bin eine Last für andere.	☐	☐	☐
Ich bin anders, deshalb gehöre ich nicht dazu.	☐	☐	☐
Ich bin wertlos.	☐	☐	☐
Ich bin nicht gut genug.	☐	☐	☐

Dieser Gedanke geht mir durch den Kopf …	**häufig**	**manchmal**	**selten**
Ich bin umgeben von Idioten/Betrügern/ Egoisten.	☐	☐	☐
Mir geht es schlecht und es wird immer so bleiben.	☐	☐	☐
Ich habe immer Pech.	☐	☐	☐
Die Welt ist ein sehr bedrohlicher Ort.	☐	☐	☐
Andere Menschen sind glücklicher.	☐	☐	☐
Sonstige:	☐	☐	☐

4. Gedanken über Gedanken (Metakognitionen)

Ich möchte der Sache auf den Grund gehen.	☐	☐	☐
Wenn ich alle möglichen Katastrophen durchdenke, dann werde ich schon nicht enttäuscht.	☐	☐	☐
Grübeln hilft mir, das Problem zu lösen.	☐	☐	☐
Wenn ich mir Sorgen mache, dann bin ich gut auf alles vorbereitet.	☐	☐	☐
Man muss immer vom Schlimmsten ausgehen, dann wird man nicht enttäuscht.	☐	☐	☐
Gefühle signalisieren immer eine echte Gefahr.	☐	☐	☐
Schlechte Gedanken sind nicht normal.	☐	☐	☐
Schlimme Gedanken führen zu schlimmen Taten.	☐	☐	☐
Schlechte Gedanken müssen unterdrückt werden.	☐	☐	☐
Diese Gedanken zeigen, dass mit mir etwas nicht stimmt.	☐	☐	☐
Sonstige:	☐	☐	☐

Welche Hauptthemen haben Sie entdeckt? Notieren Sie sich am besten auch diese auf ein Extrablatt. Dann können Sie im Alltag immer wieder aufhorchen, wenn sie auftauchen. Bewusstmachung ist der erste Schritt, um die nicht mehr dienlichen Gedanken zu identifizieren und nicht mehr das eigene Leben bestimmen zu lassen.

ZU 1.: GEDANKEN ÜBER DAS EIGENE SELBST

Wenn wir zur Welt kommen, sind wir wie unbeschriebene Blätter. Erst mit der Zeit entwickeln wir so etwas wie ein Selbstkonzept. Je fürsorglicher wir umsorgt wurden und je mehr wir das bekommen haben, was wir gebraucht haben, desto selbstverständlicher ist es für uns, wir selbst zu sein. Wir haben ein positives Selbstkonzept entwickelt. Wenn wir Ablehnung und Kritik erfahren haben, Unsicherheit oder auch Gewalt und Übergriffe, dann entwickeln wir Selbstkonzepte, die die damalige Situation spiegeln. So wie damals mit uns umgegangen wurde, so gehen wir meist als Erwachsene mit uns selbst um. Unser denkendes Ich hat all die prägenden Sätze gespeichert und erinnert sich daran. Wenn beispielsweise der Vorgesetzte dem kritischen Vater ähnelt, dann fühlen wir uns wieder wie der kleine Junge oder das kleine Mädchen, das dem übermächtigen kritischen Vater gegenübersteht.

Machen wir uns – beispielsweise mit einer Reflexion wie der eben angebotenen – die früh gelernten Glaubenssätze bewusst, können wir in den Momenten, wo sie auftauchen, aus den alten Mustern aussteigen und in der Gegenwart angekommen. Wir lösen uns dann aus der Identifizierung mit dem denkenden Ich und lassen die alten Selbstkonzepte los. Das kann eine Zeit lang dauern, da uns diese uralten Überzeugungen regelrecht »mit der Muttermilch« eingegeben wurden.

ZU 2.: MUSS- UND SOLL-REGELN

»Zähne zusammenbeißen und durch«, »Schaffe, schaffe, Häusle baue«, »Erst die Arbeit, dann das Vergnügen«, »Nimm dich nicht so wichtig« oder »Reiß dich zusammen« – solche Sätze haben wir als Kinder und Jugendliche oft genug gehört. Uns wurde vermittelt: Du bist gut, wenn du die Regeln einhältst. Du bist schlecht und dir droht Strafe oder Liebesentzug, wenn du die Regeln nicht einhältst. Diese Sätze sollten uns eine Orientierung dafür geben, wie wir uns verhalten sollen. Viele dieser Regeln sind für uns so selbstverständlich, dass sie uns gar nicht mehr bewusst sind. Automatisch »reißen wir uns zusammen«, obwohl es vielleicht besser wäre, dem Partner unsere Gefühle zu zeigen, denn dann könnte er uns besser verstehen und unterstützen. Oder wir schaffen immer weiter, treiben uns immer neu an, obwohl wir eigentlich dringend Erholung brauchen. Regeln und Muss-Sätze werden mit der Zeit meist starr und unflexibel. Oft aber hängt unser Selbstwertgefühl daran. An dieser Stelle sind sie eng mit Gedanken über uns selbst, dem ersten Punkt, verwandt.

Als bewusste Erwachsene sollten wir prüfen, welche Regeln wir weiter nutzen wollen und welche heute nicht mehr in unser Leben passen. Erwachsenwerden bedeutet, psychische Flexibilität zu wählen und uns dafür zu engagieren, was heute zu uns passt.

ZU 3.: GEDANKEN UND GEFÜHLE

Manche Gefühle entstehen spontan in bestimmten Situationen. Wenn Sie beispielsweise mit dem Fahrrad zu schnell um eine Kurve fahren, dann meldet sich Angst und bringt Sie dazu, abzubremsen. Diese Angst nennen wir ein primäres Gefühl, das direkt aus der aktuellen Realität heraus entsteht. Im obigen Fragebogen hingegen geht es vorrangig um sekundäre Gefühle. Sie entstehen als Folge von Gedankenketten. Vielleicht fährt jemand mit seinem Auto sehr dicht auf unseres auf und die Wut, die in uns aufkommt, ist die Folge von Gedanken wie »Was fällt dem ein?! Der kennt wohl die Regeln nicht! Dem muss mal jemand sagen, wie man Auto fährt!« Wenn wir uns die Gedanken bewusst machen, die zu einem sekundären Gefühl geführt haben, dann kann es uns leichter gelingen, Abstand zu nehmen und wieder der realen Situation angemessen zu agieren.

ZU 4.: GEDANKEN ÜBER GEDANKEN (METAKOGNITIONEN)

»Wenn ich mir das Schlimmste ausmale, dann bin ich gut vorbereitet.« Das ist ein positiver Gedanke über sorgenvolle Gedanken. Man nennt dies auch Metakognition. Ein solcher Gedanke steuert unterschwellig unsere automatischen Gedanken. Wenn wir an diesen Gedanken glauben, sind wir davon überzeugt, dass es sinnvoll ist, immer vom Schlimmsten auszugehen. Diese Überzeugung ist sehr folgenreich, da wir uns dann meist mit negativen Gedanken beschäftigen, obwohl das Befürchtete gar nicht real eingetreten ist. Mit jeder schlimmen Vorstellung aber lösen wir Stress, Angst oder Unsicherheit aus.
Wir könnten auch den Gedanken entwickeln: »Sorgen sind schädlich für meine Gesundheit.« Das ist ein negativer Gedanke über sorgenvolle Gedanken, in dessen Folge wir vielleicht versuchen, alle Sorgen zu unterdrücken. Das aber führt nur zu mehr Sorgen.
Es ist hilfreich, sich die positiven und negativen Gedanken über Gedanken bewusst zu machen und unser Bemühen, auf diese Weise Gedanken zu steuern und zu kontrollieren, abzulegen. Viel wirkungsvoller ist es, diese Gedanken wahrzunehmen und aus dem beobachtenden Selbst heraus vorbeiziehen zu lassen. Wenn Sie statt zu Sorgen mehr zu Zweifeln neigen, ist es vermutlich öfter nötig, aus Zweifelketten auszusteigen.

Der Kopf meint es gut

Wir können unser denkendes Ich für ein leichteres Verständnis auch als eigenes Wesen betrachten. Auch auf diese Weise gewinnen wir Abstand. Was macht der Verstand? Er will Ihr Bestes. Das heißt zum Beispiel, dass er Sie vor Gefahren und Kränkungen warnt. Um einzuschätzen, was gefährlich oder schmerzhaft ist, schaut das denkende Ich in die Vergangenheit. Es bedient sich all der angelernten Überzeugungen, insbesondere aus der Kindheit. Erst unser beobachtendes Selbst hilft uns, Schritt für Schritt neue Überzeugungen, die unserer heutigen Realität eher angemessen sind, zu entwickeln.

Dabei kann es hilfreich sein, wenn wir verstehen, warum wir bestimmte Glaubenssätze in uns tragen. Moris zum Beispiel wurde in der Schule lange Zeit von seinen Mitschülern gemobbt. Er hat aus dieser Lebensphase die Überzeugung gewonnen: »Ich bin ein Opfer.«

Marie hatte eine sehr anspruchsvolle kritische Mutter. Sie wurde von ihr sehr häufig für ihr Aussehen und für ihre Schulleistungen kritisiert. Marie hat von Kindesbeinen an den Satz gehört: »Du bist nicht gut genug.«

Pauls Eltern habe sich sehr oft gestritten und er stand zwischen den Fronten. Oft hat er versucht, die Streitigkeiten zu schlichten, was ihm aber meistens nicht gelang. Irgendwie hat er sich deshalb immer schuldig gefühlt, auch weil sich seine Eltern nach vielen schwierigen Ehejahren schließlich getrennt haben. In Paul ist der Satz: »Ich bin verantwortlich und trage die Schuld.«

Heute sind wir in völlig anderen Lebensumständen als damals in der Kindheit. Wir sind erwachsen und sorgen für uns selbst. Aus dem beobachtenden Selbst heraus können wir erkennen, welche alten Glaubenssätze in uns sind, und wir können entscheiden, ob wir sie noch brauchen oder ob wir sie ablegen wollen.

REFLEXION

Machen Sie ein Update

Nutzen Sie die Bewusstmachung aus der letzten Reflexion, um ein Update zu machen. Wollen Sie tatsächlich den Rest Ihres Lebens nach den alten Regeln, die Sie irgendwann einmal gelernt haben, leben? Wollen Sie sich weiterhin so behandeln, wie Sie als Kind oder Jugendlicher behandelt wurden? Wenn Ihre Antwort auf diese Fragen Nein ist, dann nutzen Sie Ihr Ich-hier-jetzt, um immer wieder in Ihrem Alltag aus den alten Geschichten auszusteigen. Ihr beobachtendes Selbst gibt Ihnen die Orientierung darüber, wohin Sie jetzt wollen.

WAS SIND IHRE KLINGELKNÖPFE?

Wenn die typischen alten und schmerzhaften Glaubenssätze auftauchen, dann können Sie davon ausgehen, dass jemand in Ihnen einen Klingelknopf gedrückt hat. Sie kennen vermutlich diese Hochhäuser, bei denen an der Eingangstür lange Reihen von Klingelknöpfen angebracht sind. Im übertragenen Sinne tragen wir eine solche Klingelknopfleiste auch in uns. Beispielsweise wird in beruflichen Situationen im Team gern der Klingelknopf gedrückt: »Ich muss besser sein als die anderen.« Oder der Chef lobt Ihre Kollegin, dann wird der Knopf gedrückt: »Ich bin nicht gut genug.« Oder Sie fühlen sich nicht wohl und sagen ständig: »Mit mir stimmt schon wieder etwas nicht.«
Es gibt also meistens einen Auslöser, der den Klingelknopf aktiviert. Die innere Gedankenkette läuft dabei automatisch ab, zusätzlich werden Gefühle und Stimmungen ausgelöst. Sie tauchen in ein Kopfkinoprogramm mit dem Titel: »Ich bin nicht gut genug« oder »Ich muss mich beweisen«.

Ich schreibe das bewusst etwas flapsig, auch wenn ich weiß, dass die meisten dieser alten Programme sehr schmerzhaft sind. Ein nüchterner und sogar etwas humorvoller Blick aber hilft uns, den Automatismus zu erkennen. Wenn Sie ein wenig darin geübt sind, Ihr beobachtendes Selbst miteinzubeziehen, werden Sie die Auslöser für Ihre Klingelknöpfe immer besser und immer schneller erkennen.

Für Sandra sind es vor allem soziale Situationen. Nach einem gemeinsamen Abendessen mit Freunden gehen ihr Gedanken darüber durch den Kopf, ob sie alles richtig gemacht hat. Zweifel an ihr selbst.

Auch Roger hat vor allem selbstkritische Gedanken. Die tauchen vermehrt auf, wenn er an Feiertagen zu seinen Eltern zu Besuch fährt. Er fühlt sich dann oft minderwertig und klein. Er hat sich in seiner Kindheit zu Hause nie gut genug gefühlt.

Wenn Sie die Auslöser kennen, dann geht es nicht darum, sie bewusst zu vermeiden. Im Gegenteil. Es geht darum, in solchen Situationen neue Erfahrungen zu sammeln. Es geht darum, dass wir beobachten: Was passiert tatsächlich und was sagen die Glaubenssätze? Passt es zur Situation oder ist es etwas Altes? Wenn wir innerlich in unseren Geschichten gefangen sind, dann kommen neue Informationen oft gar nicht bei uns an. Deshalb ist es umso wichtiger, dass wir Abstand gewinnen und die Situation direkt und real erleben. Es geht darum, einen Perspektivwechsel vorzunehmen und die Situation nicht aus der Perspektive Ihrer Glaubenssätze zu interpretieren, sondern aus der Sicht Ihres beobachtenden Selbst.

Vergessen Sie nie:
Mit dem beobachtenden Selbst
haben Sie einen echten Freund in Ihrem Kopf.

ABSTAND VON DEN GEDANKEN GEWINNEN: DEFUSIONSTECHNIKEN

Für unser beobachtendes Selbst ist es das Natürlichste der Welt, Abstand von den Gedanken, Konzepten und Vorstellungen von uns und der Welt zu nehmen. In der bewussten Wahrnehmung ist die Welt für uns sinnlich, dreidimensional, spürbar, hörbar und erfahrbar. Das runde Ding, in das wir genussvoll hineinbeißen können und das süß, sauer und saftig schmeckt, ist etwas ganz anderes als diese fünf Buchstaben: Apfel. Probieren Sie es gern aus. Schreiben Sie das Wort auf einen Zettel und vergleichen Sie es mit dem Erleben, wenn Sie einen Apfel essen.

Wie aber steigen wir in eher kritischen Alltagssituationen aus unseren Gedankenwolken aus? Stellen Sie sich vor, Sie wollen sich für eine neue Stelle bewerben und erinnern sich daran, dass Sie bei den vergangenen zwölf Bewerbungen Absagen bekommen haben. Es taucht der Gedanke auf: »Ich bin nicht gut genug. Die werden mich sicherlich ablehnen.« Mit diesem Gedanken tauchen Unsicherheit und Minderwertigkeitsgefühle auf. Der Gedanke fühlt sich sehr real und wahr an.

Die meisten unserer Glaubenssätze sind mit intensiven Gefühlen verbunden. Diese lassen uns völlig vergessen, dass es nur Gedanken und Sätze in unserem Kopf sind. Wir haben keinen Abstand dazu – die schon besprochene Fusion. Die Verschmelzung kann so intensiv sein, wir können so tief in unsere Geschichte, nicht gut genug zu sein, eintauchen, dass wir uns gar nicht erst bewerben. Wir machen gar keinen weiteren Versuch, eine neue Arbeitsstelle zu finden. Umso wichtiger ist es, unsere Gedanken von der Realität unterscheiden zu lernen. Gedanken sind keine Fakten. Nur im realen Bewerbungsverfahren können wir feststellen, ob wir angenommen werden oder nicht. Wir müssen es versuchen. (Und wenn es nicht klappt, dann kann es die unterschiedlichsten Gründe dafür geben.)

Die Defusion, also das bewusste Aussteigen aus Gedanken, mit denen wir zuvor verschmolzen waren, ist keine einmalige Sache, sondern ein fortlaufender Entwicklungsprozess. Im Laufe der Zeit und der neugierigen Praxis definieren wir uns immer weniger über unsere Gedanken. Unsere Glaubenssätze sind nicht mehr unsere Identität. Wer und was wir heute sind, das lassen wir nicht mehr von diesen alten, in der Kindheit gelernten Sätzen bestimmen. Wir nutzen unsere Gedanken und Vorstellungen, um in der Welt zurechtzukommen, aber nicht mehr dafür, uns eine Identität zu schaffen, die uns gar nicht entspricht und uns nur in unserer Lebendigkeit behindert.

Ich könnte es auch so formulieren: Wenn Sie nach und nach lernen, Abstand zu Ihren Gedanken zu gewinnen, dann vertrauen Sie nicht mehr blind Ihrem Navi, sondern treten auf die Bremse, wenn vor Ihnen eine Hauswand oder ein Gewässer auftaucht. Auch wenn das Navi Ihnen rät, geradeaus zu fahren. Im Folgenden möchte ich Ihnen noch einige erprobten Methoden vorstellen, wie Sie diesen Abstand gewinnen können. Es ist nicht nötig, dass Sie diese Möglichkeiten alle umsetzen. Suchen Sie sich aus, was Sie anspricht. Je besser Ihr Werkzeugkoffer gefüllt ist, umso leichter tun Sie sich mit der (inneren) Arbeit.

DER VERSTAND ALS GESCHICHTENERZÄHLER

Ich hatte erwähnt, dass unser Verstand uns gern Geschichten erzählt. Das aufgreifend können Sie sich fragen, welche Storys Ihnen Ihr Verstand eigentlich am liebsten erzählt. Sie können das auch damit kombinieren, ihn wie schon erwähnt als eigene Person oder Persönlichkeit zu betrachten. Das ist anfangs etwas ungewohnt, weil es ja einen Abstand zu Ihren Gedanken herstellt, den wir üblicherweise nicht haben.

Wenn wir lernen, unseren Verstand und seine Aktivitäten mit Abstand zu betrachten, dann sorgt es meist auch dafür, dass wir respektieren, was er für uns leistet. Er reproduziert das, was er einmal abgespeichert hatte, um uns gut durchs Leben zu führen. Dass diese alten Dinge oftmals heute nicht mehr dienlich sind und auch nicht unbedingt der Wahrheit entsprechen, das ist ihm nicht klar. Das müssen wir uns bewusst machen und dann kann auch er diese alten Glaubenssätze allmählich loslassen.

Hallo, Plappermaul!

Viele geben ihrem Verstand sogar einen eigenen Namen. Märchenerzähler vielleicht, Plaudertasche oder irgendeinen Vornamen. Auch das sorgt für Abstand zu seinem Tun. Ich habe verschiedene Namen für meinen Verstand. Wenn ich manchmal nachts aufwache und mir viele Gedanken durch den Kopf ziehen, dann frage ich: »Plappermaul, was hast du mir jetzt schon wieder alles zu erzählen?« Ich höre dann dem Gedankenstrom eine Weile zu und stelle mir vor, dass ich unter einem Wasserfall stehe. Manchmal ist es auch nur ein Rinnsal. Ich höre dem Plappermaul so lange zu, bis ich wieder einschlafen kann.

In anderen Situationen bezeichne ich ihn als meinen inneren Hausmeister. Denn es kommt mir oft so vor, also ob mir mein Verstand ständig Vorschläge macht, wie ich mich verhalten soll, wie ich etwas sehen oder bewerten soll. Manchmal geht er mir auf die Nerven, weil er aus einer Mücke einen Elefanten macht und unnötig Katastrophenszenarien an die Wand malt. In anderen Momenten frage ich ihn ganz bewusst um Rat, denn er hat alles gespeichert, was ich je erfahren und gelernt habe. Er weiß viel, aber in die Zukunft schauen kann er nicht. Er kann nur von alten Erfahrungen auf Künftiges schließen – und das ist oft, aber nicht immer hilfreich. Insgesamt möchte er – wie ein guter Hausmeister – einfach nur für Ordnung sorgen. Wenn er es dabei nicht übertreibt, ist das wertvoll.

Vielleicht unterstützt es auch Sie, Ihrem Verstand Namen zu geben. Wählen Sie möglichst keinen stark bewertenden Namen. Aber ein bisschen Humor tut gut und hilft, Abstand zu gewinnen, denn unser Verstand nimmt sich meistens selbst viel zu ernst. Optimal ist es, wenn der Name Ihnen hilft, Ihren Verstand gleichzeitig wertzuschätzen und nicht überzubewerten.

GEDANKEN SIND WIE WOLKEN AM HIMMEL

Gedanken haben über uns genau dann Macht, wenn wir mit dem Inhalt identifiziert sind. Das ist natürlich insbesondere bei Glaubenssätzen der Fall. Die Inhalte dieser Gedanken sagen, was wir

können und was wir nicht können, sie bestimmen die Regeln, wie wir handeln und wie wir nicht handeln sollen. Viele versuchen es an dieser Stelle mit Positivem Denken und Selbstsuggestionen, um den negativen Gedanken die Macht zu nehmen. Das allerdings löscht diese alten Überzeugungen in uns nicht und spätestens dann, wenn Stress oder Probleme in unserem Leben auftauchen, sind sie wieder da. Altes und Neues kämpfen dann in uns, was sehr ermüdend sein kann.
Abstand zu den Gedanken zu schaffen, ist etwas völlig anderes, als sie zu verändern. Tatsächlich ist es radikaler. Wir betrachten sie nämlich als das, was sie sind: zeitweise Phänomene in unseren Köpfen. Wir lassen sie vorbeiziehen und werden uns des Raumes bewusst, in dem sie zeitweise auftauchen. Die Gedanken sind vorüberziehende Wolken, während unser beobachtendes Selbst der weite Himmel ist. Es ist der Kontext, in den unser Erleben in seinen unterschiedlichen Gestalten eingebettet ist. Gedanken kommen und gehen. Wir brauchen mit ihnen nichts zu machen. Wir brauchen auch nicht zu versuchen, sie zu verhindern, so wie wir uns einem in den Bahnhof einfahrenden Zug nicht entgegenstellen. Wir lassen ihn einfach einfahren, kurz da sein und weiterziehen.

Gedanken sind
wie Wolken, die vorbeiziehen,
wie Vögel, die an uns vorbeifliegen,
wie Züge, die in einen Bahnhof einfahren,
wie Blätter, die auf einem Bach vorbeifließen.

TRAINING

Ich habe den Gedanken, dass ...

Wenn Sie sich Ihrer Gedanken bewusst werden, dann können Sie den einfachen Satz hinzufügen: »Ich habe den Gedanken, dass ...« oder »Ich mache mir gerade Sorgen um ...« Sie sagen also zum Beispiel: »Ich habe wieder den Katastrophengedanken, dass ich an Krebs erkrankt sein könnte.« Oder: »Ich habe gerade wieder den Vergleichsgedanken, dass es anderen viel besser geht.« Oder: »Mein Verstand deutet gerade wieder die Zukunft und meint, dass ich durch die Prüfung fallen werde.« Durch diese Art der Benennung markieren wir unsere Gedanken. Es wird noch klarer, dass es nur Gedanken sind und keine Fakten.

WIEDERKEHRENDE GEDANKEN ERMITTELN

Viele Menschen versuchen, ihre Gedanken zu unterdrücken oder zu vermeiden. Meist wirkt dies jedoch eher verstärkend. Wie bei diesem Klassiker: Bitte denken Sie nicht an einen rosa Elefanten mit großen lila Ohren … Und? Was haben Sie vor sich gesehen?

Mike zweifelte sehr oft an sich. Insbesondere vor beruflichen Präsentationen waren seine Selbstzweifel groß. Da er sie über Jahre nicht loswurde, beschloss er, anders vorzugehen. Er schrieb alle Selbstzweifel auf ein Blatt Papier und steckte es am Tag der nächsten Präsentation zusammengefaltet in die Hosentasche. Bewusst lud er seine problematischen Gedanken ein, mitzukommen. Er hatte Abstand zu ihnen, da er sie jetzt in der Hosentasche bei sich trug. Das machte ihn freier. So konnte er in der herausfordernden Situation aus seinem Erwachsenen-Ich heraus auftreten und musste dennoch nichts unterdrücken.

GRÜBELEPISODEN ERKENNEN UND BEENDEN

Grübelphasen sind meistens gekennzeichnet durch intensives Nachdenken über Warum-Fragen, auf die es keine befriedigenden Antworten gibt. Grübeln macht meist antriebslos, einsam und ist seelisch belastend. Wir tauchen ganz in unsere Gedankenwelt ein und blenden die Realität um uns herum weitgehend aus. In unserem Kopf bewegen sich viele negative Bewertungen unserer Person, wir vergleichen uns mit anderen und kommen dabei schlecht weg. Das kann bis dahin gehen, dass wir die Anforderungen unseres Alltags nicht mehr gut bewältigen können. Wir versinken in einer Spirale der Selbstvorwürfe und Selbstentwertung.

Wenn Sie bemerken, dass Sie in Grübeleien stecken, dann kann es hilfreich sein, aktiv zu werden: Staubsaugen, Wäsche aufhängen, Pflanzen gießen – die Gedankenketten sollten unterbrochen werden.

ÜBUNG

Wenn-dann-Pläne

Vielen hilft es, sogenannte Wenn-dann-Pläne festzulegen. Sie legen also fest, was Sie immer dann tun werden, wenn Sie sich beim Grübeln erwischen. Sie wissen: »Wenn ich grüble, dann wird es Zeit, etwas zu tun. Sobald ich es bemerke, räume ich die Küche auf. Oder ich arbeite im Garten.«

Machen Sie sich am besten eine Liste von drei bis fünf solchen Handlungen und legen Sie fest, dass Sie das Grübeln immer mit der ersten Tätigkeit unterbrechen. Wenn diese gerade nicht möglich ist, dann nehmen Sie die zweite. Und wenn das nicht geht, die dritte. So brauchen Sie nicht lange nachzudenken und können aktiv werden.

ÜBUNG

Grübelzeiten festlegen

Eine ebenfalls klassische Methode im Umgang mit intensiven Gedankenattacken ist der Gedankenaufschub. Dafür legen Sie eine tägliche Uhrzeit fest, zu der Sie aktiv grübeln dürfen. Beispielsweise von 16.30 bis 17.00 Uhr. Wenn tagsüber Grübelthemen auftauchen, notieren Sie sie und erinnern sich daran, dass Sie am späteren Tag einen Termin dafür freigehalten haben. Wenn die Uhrzeit dran ist, stellen Sie sich einen Wecker, sodass Sie die Grübelzeit nicht überschreiten. Nehmen Sie Ihre Notizzettel und gehen Sie Ihre Themen durch. Ist die Zeit um, lassen Sie das Grübeln bewusst los, strecken sich und gehen wieder zu Ihren Alltagsaktivitäten über.

Die Grübelzeit sollte mindestens zwei Stunden vor Ihrer Einschlafzeit liegen. Oft wird es passieren, dass Sie zu diesem Termin gar nicht grübeln wollen. Dann müssen Sie es auch nicht, Sie bleiben aber bei diesen Zeiten.

ÜBUNG

Ist das Nachdenken jetzt nützlich?

Es ist nützlich, darüber nachzudenken, woher Sie Brot fürs Abendessen oder den Onlinezugang für ein wichtiges Meeting bekommen. Gedanken, die um unlösbare Fragen kreisen, sind allerdings weder hilfreich noch nützlich. Da unser Verstand dies oft nicht unterscheiden kann, sondern automatisch »vor sich hindenkelt«, sollten wir ihm immer wieder auf die Sprünge helfen. Sie können sich selbst fragen: Ist es nützlich, weiter diese Gedanken zu verfolgen? Hilft mir der Gedanke, das zu tun, was jetzt wichtig ist? Hilft mir das Nachdenken dabei, mit der Situation gut umzugehen? Nein? Dann steigen Sie aus und tun Sie etwas anderes.

ÜBUNG

Freund-im-Kopf-Übung, Teil 3

Vertiefen Sie den ersten und zweiten Schritt durch Abstand zu den Gedanken. Halten Sie für einen Moment inne. Kommen Sie an dem Ort, an dem Sie sich gerade befinden, vollständig an. Sie müssen für einen Moment nichts leisten. Sie brauchen nur dort anzukommen, wo Sie gerade sind. So wie Sie gerade sitzen oder stehen, sind Sie für diesen Moment in Ordnung.

Spüren Sie, wie Ihre Füße den Boden berühren. Spüren Sie in Ihre Fußsohlen und Knöchel hinein. Sie sind mit Ihrer Aufmerksamkeit dort, wo Ihre Füße sind.

Dann lenken Sie Ihre Aufmerksamkeit auf das, was Sie hören. Welche Geräusche nehmen Sie wahr? Hören Sie etwas aus benachbarten Räumen? Oder hören Sie Geräusche der Natur? Zwitschern die Vögel, hören Sie das Rauschen der Bäume im Wind? Fahren Autos vorbei? Seien Sie offen für jedes Geräusch.

Und nun bringen Sie die Aufmerksamkeit auf das Sichtbare. Was sehen Sie? Schauen Sie sich um. Was sehen Sie in dem Raum, in dem Sie sich befinden? Was ist im Vordergrund? Was im Hintergrund? Welche Farben und Formen sehen Sie?

Pendeln Sie hin und her zwischen dem, was Sie in Ihren Füßen und in Ihrem ganzen Körper spüren, und dem, was Sie hören und sehen. Kommen Sie ganz an im Wahrnehmen und Spüren. So wie Sie jetzt hier sind, an diesem Ort, sind Sie in Ordnung.

Erlauben Sie sich, ganz hier zu sein. Bemerken Sie Gedanken und lassen Sie sie weiterziehen. Automatische Gedanken dürfen kommen und gehen. Sie müssen nichts mit ihnen tun. Sie bemerken die Gedanken ... und lassen sie vorbeiziehen. Bleiben Sie auf dem Bahnsteig stehen und lassen Sie die Züge vorbeifahren.

Lenken Sie die Aufmerksamkeit immer wieder sanft zurück auf das, was Sie spüren. Der Erlebnisraum ist weit und offen, Gedanken ziehen durch diesen weiten Raum, wie Wolken am Himmel. Bemerken Sie die Weite und Offenheit.

VIERTER ZUGANG: AKZEPTANZ

»Wenn du dich anstrengst, kannst du alles erreichen, was du willst.« »Das schaffst du, wenn du willst.« »Reiß dich zusammen!« »Geht nicht, gibt's nicht.« »Das war wieder mal nicht gut genug.« Vermutlich haben Sie solche Sätze schon gehört und zu anderen oder zu sich selbst gesagt, um zu motivieren. Auch viele Titel von Selbsthilfebüchern suggerieren, dass wir alles erreichen können. Wir müssen nur wollen und uns anstrengen.

Das Streben nach Verbesserung, der Wille, sich zu optimieren, ist so etwas wie die Kernbotschaft unserer Gesellschaft geworden. Wir sind umgeben von einer durch Filter gestylten Bilderwelt mit unzähligen strahlenden, erfolgreichen Menschen. Wer kann sich dem entziehen? Wer sich anstrengt, der kommt zu etwas – das ist die Botschaft.

Anstrengung im Beruf wird gefordert und auch belohnt. Das gilt aber auch für die Familie, für die Kindererziehung, für die Ernährung, das Aussehen, die Hobbys …

Puh! Ganz schön anstrengend. Denn wir sind Herdentiere und wollen mithalten. Wir rennen dahin, wohin die Herde rennt. Wir haben das Bedürfnis, dazuzugehören und geachtet zu werden.

Die Entwicklungen der vergangenen Jahrzehnte haben dazu geführt, dass wir Sätze wie die eben genannten verinnerlicht haben. Es ist häufig gar nicht mehr der Vorgesetzte, die Kollegin oder der Partner, der Ansprüche an uns stellt. Sie kommen von uns selbst. Wir selbst fordern von uns immer mehr Leistung, wollen uns immer noch weiter verbessern und optimieren. Irgendwie sind all die Ansprüche aus der Arbeitswelt, die Schönheitsideale der Influencer und der Modewelt in unseren Kopf gewandert. Wir denken, dass wir all diesen Ansprüchen gerecht werden sollten, sonst gehören wir nicht mehr so richtig dazu. Wenn wir gar nicht mehr versuchen, diesen Ansprüchen nicht gerecht zu werden, wenn wir weniger leisten, fühlt sich das schlecht an. Wir haben Angst davor, »durchs Raster zu fallen«, uns immer weniger leisten zu können, beruflich abgehängt zu werden oder gar abzusteigen. Plötzlich hängt an all diesen Anforderungen auch der Wert unserer Person. Wir fühlen uns wertvoll, wenn wir funktionieren und die gesellschaftlichen Ansprüche erfüllen. Dahinter schlummert meist die Angst, nicht gut genug zu sein. Wir fühlen uns wertlos, wenn wir meinen, bestimmte Ansprüche nicht zu erfüllen. Am Anfang ging es darum, etwas in unserem Leben zu verbessern, jetzt steht plötzlich unser Selbstwert auf dem Spiel. Das macht das Ganze noch anstrengender. Wir schämen uns, wir haben Versagensängste und die Angst, etwas zu verpassen. Wir sind zu Getriebenen geworden, die versuchen, noch irgendwie mitzuhalten. Gefangen in einem Kreislauf von Leistung, Erschöpfung und Angst vor dem Versagen.

DIE TÜCKEN DES PERFEKTIONISMUS

Der Perfektionismusforscher Thomas Curran hat eine interessante Entwicklung bemerkt. Er konnte in einer Studie feststellen, dass von 1989 bis heute Perfektionismus unter jungen Menschen zugenommen hat. Er verglich die Selbsteinschätzung von über 40 000 Studierenden und stellte fest, dass der Anteil von Perfektionisten im Laufe der letzten dreißig Jahre um über 30 Prozent zugenommen hat.

Perfektionismus ist gekennzeichnet durch eine geringe Fehlertoleranz, vergleichendes Denken, hohe Ansprüche, Zweifel an der eigenen Leistungsfähigkeit und Angst vor Versagen. Wir verknüpfen dabei unseren Selbstwert mit leistungsbezogenen Zielen. Perfektionistische Menschen haben die Logik unserer Leistungsgesellschaft sehr stark verinnerlicht. Fehler gelten ihnen als inakzeptabel. Meist verbirgt sich hinter dem Perfektionismus die große Angst, nicht gut genug zu sein, Minderwertigkeitsgefühle und viel Scham. Meistens geht es nicht um die eigenen hohen Ansprüche, sondern um die Angst, den Ansprüchen der anderen nicht gerecht zu werden.

Was denken wohl die anderen über mich? Die typische Frage von perfektionistischen Menschen.

Viele Forscher bezeichnen den Perfektionismus als eine »Epidemie der westlichen Welt«. Vermutlich schlummert in uns allen mehr oder weniger die Logik dieses übertriebenen Bestrebens. Unser denkendes und bewertendes Ich wird mit Botschaften dieser Art aus allen Richtungen gespeist. Und das tagtäglich.

Hinter hohen verkrampften Ansprüchen steckt immer die Unzufriedenheit mit dem gegenwärtigen Zustand. »So wie es jetzt ist, passt es nicht. So wie ich jetzt gerade bin, bin ich nicht in Ordnung.« Dies spielgelt sich natürlich in den eigenen Gedanken, Bewertungen und Glaubenssätzen wider, die häufig sagen: »Ich bin nicht gut, intelligent, hübsch, gebildet, sexy, erfolgreich, beliebt … genug.« Jede Abweichung von unseren Zielen und Vorstellungen, wie wir und die Welt um uns sein sollten, wird innerlich bewertet und kommentiert.

Und dann ist es kein Wunder, dass wir auch mit Kommentaren wie »Streng dich mehr an«, »Stell dich nicht so an«, »Die anderen sind eh besser« oder »Denen zeig ich's« reagieren. Es sind Aussagen unseres inneren Kritikers, den viele Menschen mit ihrem erwachsenen Ich verwechseln. Im ersten Kapitel bin ich bereits darauf eingegangen und ich habe ein ganzes Buch darüber geschrieben, wie Sie mit diesem Anteil umgehen können. Es ist gewissermaßen das Pendant zu diesem Buch: »Der Feind in meinem Kopf«. Sobald wir bewertend – und dabei meist abwertend – beobachten, sind wir nicht im beobachtenden Selbst. Ein anderer Anteil hat sich davorgeschoben und wirkt wie ein Filter unserer Wahrnehmung: der innere Kritiker.

Wir leiden, wenn wir uns gegen das stemmen, was gerade unsere Realität ist. Je mehr Kampf und Widerstand da sind, umso stärker leiden wir. Unser eigenes Denken befeuert diesen Schmerz. Denn meist dreht es sich darum, dass wir das, was gerade ist, nicht haben wollen, dass wir es abwehren oder uns grüblerisch fragen, warum wir das erleben und zu welchen Katastrophen es wohl noch führen könnte. Dabei wird alles, was wir an uns, an unserem Erleben, unseren Gefühlen, Gedanken oder Körperempfindungen ablehnen, genau dadurch eher noch verstärkt.

DAS HEILSAME GEGENPROGRAMM: AKZEPTANZ

Statt Kampf, Ablehnung und dem Streben nach Optimierung (mit dem wir das gegenwärtig Reale ja auch ablehnen) können wir einen anderen Weg einschlagen. Dieser Weg hat etwas mit Annahme und Akzeptanz zu tun. Auf diesem Weg kann es uns gelingen, Kampf und Krampf sein zu lassen und bei uns und den Dingen, so wie sie gerade sind, anzukommen. Alles, was jetzt gerade ist, trägt einen Wert in sich und es ist möglich, dass wir die Brille des »Nicht gut genug« absetzen und diesen Wert für uns wiederentdecken.

Das heilsame Gegenprogramm zum Perfektionismus heißt: Wir nehmen die Wahrheit dieses Augenblicks, so wie sie gerade ist, an. Es ist gerade so und nicht anders. Wir kommen in der Hier-und-Jetzt-Situation an, wir geben ihr den Vorrang vor unserer Wunschvorstellung. Das ist auch nur sinnvoll und logisch, denn unsere gegenwärtige Situation hat sich aus vorhergehenden Situationen entwickelt. Wir akzeptieren, wenn wir im Ich-hier-jetzt ankommen und diesen Moment so nehmen, wie er gerade ist. »Aha, ich stehe im Stau. So ist es gerade.« »Ich bin ärgerlich und ungeduldig, weil mein Sohn wieder seine Klamotten auf die Treppe geworfen hat. So ist es gerade.« »Ich bin erschöpft. So ist es gerade.« »Der Handwerker ist heute nicht gekommen. So ist es.«

Wir sollten uns immer daran erinnern, dass die jetzige Situation entstanden ist, weil viele Ursachen, Wirkungen und Bedingungen zusammengekommen sind. Viele der Zusammenhänge sind uns nicht bekannt. Wir wissen beispielsweise nicht, ob der Handwerker nicht kam, weil zwei seiner Mitarbeiter krank geworden sind, oder ob der Stau passiert ist, weil es einen Auffahrunfall gab. Manche Zusammenhänge hingegen sind uns bewusst. So sind wir beispielsweise erschöpft, weil wir an einem langen Arbeitstag nicht dazu kamen, uns Pausen zu nehmen. Jetzt fühlen wir uns k. o. »Ja, so ist es gerade. Weil es so geworden ist.« Wir können dies anerkennen.
Das heißt noch lange nicht, dass wir die Situation so mögen oder toll finden müssen. Das ist mit Akzeptanz nicht gemeint. Annahme bedeutet, dass wir bei den Fakten der Situation und unserem Erleben dieser Situation ankommen. »Da ist der Stau und ich bin frustriert, schon wieder im Stau zu stehen. So ist es gerade und ich kann es so sehen, wie es gerade ist.« Wir können die Situation so wahrnehmen, wie sie ist, und uns auch unsere Frustration eingestehen. Es geht bei Akzeptanz sehr oft um Missempfindungen und unangenehme Gefühle, die wir mit einzelnen Situationen verbinden.

Kontakt mit der Wahrheit des Moments

Akzeptanz heißt: ankommen bei dem, was gerade ist.

Akzeptanz heißt: ankommen im Ich-hier-jetzt mit allen inneren Stimmungen und äußeren Gegebenheiten.

Akzeptanz heißt: sehen – so ist es gerade.

Akzeptanz heißt: ankommen bei den Fakten einer Situation (und nicht mehr bei den Bewertungen, Vorstellungen und Interpretationen).

Akzeptanz heißt: die Wahrheit des Augenblicks sehen.

Wenn der Kampf endlich aufhört, wenn wir zur Akzeptanz finden, stellt sich meist eine tiefe Entspannung ein.

Der amerikanische Psychologe Steven C. Hayes betont, dass Akzeptanz eine große Ähnlichkeit mit Gnade hat. Akzeptanz ist wie diese gratis. Wir müssen sie uns weder hart erarbeiten noch verdienen. Sie ist in jedem Moment frei verfügbar. Wir müssen nur umschalten, also die Gangschaltung unseres Geistes nutzen.

Viele Menschen erleben dieses Ankommen, wenn der Kampf gegen das, was ist, zumindest kurzzeitig aufhört, als einen Moment der Erleichterung und Entspannung. Akzeptanz schenkt uns einen Moment des Friedens. Es ist, als würden wir uns nach langem Umherhasten endlich auf einen Stuhl setzen und uns wirklich darauf niederlassen. Wir müssen jetzt nichts weiter tun. Wir lassen die Welt und uns selbst für diesen Moment so, wie sie sind. Wir akzeptieren es.

Das heißt nicht, dass wir nun vollkommen passiv werden. Wenn wir akzeptierend im Moment angekommen sind, können wir durchaus überlegen, was wir nun tun könnten. Akzeptanz ist der erste Schritt. Erst wenn wir akzeptieren, schauen wir der Situation wirklich in die Augen und sind dann auch tatsächlich in der Lage, etwas Sinnvolles zu unternehmen.

Martin beispielsweise hat viele Jahre lang verleugnet, dass er unter Bluthochdruck leidet. Als ihn zum ersten Mal ein Arzt darauf hingewiesen hat, besuchte er für lange Zeit keinen Hausarzt mehr. Irgendwann aber erlitt ein Freund von ihm einen Herzinfarkt und Martin begann, über den Zusammenhang zwischen Bluthochdruck und Herzinfarkt nachzudenken. Schrittweise akzeptierte er, dass sein Blutdruck nicht in Ordnung war. Indem er dies schließlich als Teil seiner momentanen Realität annehmen konnte, übernahm er Verantwortung für seine Gesundheit. Er ließ sich vom Arzt beraten, nahm Medikamente, achtete auf seine Ernährung und begann, regelmäßig Sport zu treiben.

Akzeptanz ist nicht gleichzusetzen mit Passivität oder Resignation, sondern im Gegenteil mit Verantwortung und aktivem Handeln. Akzeptanz ist oft der erste Schritt, dem weitere Schritte folgen können, wenn sie nötig und sinnvoll sind. Schritte der Veränderung.

Dies wird häufig als das Paradox der Veränderung bezeichnet. Es ist sogar so: Das, was wir annehmen, verändert sich Schritt für Schritt wie von selbst. Die Energie, die wir früher in Kampf und Widerstand gesteckt haben, wurde frei für etwas Konstruktives.

AKZEPTANZ UND VERÄNDERUNG

Der weiseste Spruch zum Thema Akzeptanz ist aus meiner Sicht das oft zitierte Gelassenheitsgebet des Theologen Reinhold Niebuhr: »Herr, gib mir die Gelassenheit, Dinge hinzunehmen, die ich nicht ändern kann; den Mut, Dinge zu ändern, die ich ändern kann; und die Weisheit, das eine vom anderen zu unterscheiden.«

Dieses Gebet sagt sehr schön aus, wie wichtig es ist, flexibel auf die jeweilige Situation einzugehen und genau hinzuschauen, was wir akzeptieren und was wir verändern sollten. Die Akzeptanz ist dabei der Boden der Veränderung, die Basis.

Als ich letztens auf einem Musikworkshop war, beklagte ich, dass ich noch nicht die Fingerfertigkeit habe, ein bestimmtes Stück schnell auf dem Instrument zu spielen. Mein Lehrer meinte mit einer gewissen Ironie: »Das musst du akzeptieren.« Akzeptieren bedeutet in diesem Fall, anzunehmen, dass ich es zurzeit nicht kann. Ich kann aber durch Übung und gezieltes Training meine Fingerfertigkeit trainieren und damit die Geschwindigkeit erhöhen. Akzeptanz ist also der erste Schritt. Der zweite Schritt ist Engagement und Arbeit an der Veränderung.

Es gibt Lebensbereiche, bei denen es besonders wichtig ist, den Zusammenhang von Akzeptanz und Veränderung zu verstehen. Das ist zum Beispiel die Gesundheit, wie Sie am Fall von Martin und seinem Bluthochdruck gesehen haben. Erst durch seine Akzeptanz der Beschwerden konnte er beginnen, Verantwortung dafür zu übernehmen.

Immer wieder gibt es auch Dinge, die wir nicht ändern können. Vielleicht ist uns der Arbeitsplatz gekündigt worden, wir haben Geld verloren, unsere Firma ist verkauft worden oder der Partner ist gestorben. Das alles sind Ereignisse, die in der Vergangenheit geschehen sind, und wir müssen lernen, mit den praktischen und den emotionalen Konsequenzen zu leben. Akzeptanz ist immer auch Teil des Trauerprozesses und der Verarbeitung von Verlusten. Gelingt dies, treten wir wieder in neue Lebensphasen ein.

»OHNE KORREKTUR: O. K.«

Lassen Sie mich noch einmal zurück zur Perfektion kommen. Man könnte nämlich auch ein anderes Verständnis davon entwickeln. Wir könnten sagen: Die Situation, so wie sie gerade ist, ist perfekt – perfekt im Sinne von ganz, vollwertig. Sie hat sich aus zahlreichen Bedingungen, Ursachen und Wirkungen heraus entwickelt. Sie entspricht vielleicht nicht unseren Idealvorstellungen, aber sie ist jetzt in diesem Moment in sich vollständig und real.

Oft denken wir unterschwellig so etwas wie: »Erst wenn ich fünf Kilo abgenommen habe, bin ich okay.« Was aber ist mit dem jetzigen Moment? Sind wir jetzt nicht okay? Akzeptanz bedeutet, dass wir uns auch jetzt in Ordnung finden. Wir können natürlich vorhaben, fünf Kilo loszuwerden. Und dann akzeptieren wir, dass dies ein Weg sein wird, der auch Rückschläge beinhalten kann. Zu jedem Zeitpunkt aber sind wir okay, so wie ein Fluss an jeder Stelle so ist, wie er ist. Er ist okay. An der Quelle genauso wie an der Mündung ins Meer. Aus der Perspektive unseres beobachtenden Selbst ist jede Situation von Moment zu Moment perfekt, jeder Moment in sich wertvoll. So wie Sie gerade das Buch in der Hand halten, sind Sie einfach, wie Sie sind. Sie sind in diesem Moment perfekt.

Früher vermerkten Lektoren in Büchern auf den Seiten, die keiner Korrektur mehr bedurften, das Kürzel O. K. (ohne Korrektur). Dieser Moment, hier und jetzt, an diesem Ort, aus der Perspektive, aus der wir wahrnehmen, was ist, ist in genau diesem Sinne okay. Er bedarf keiner Korrektur, weil er ohnehin schon so ist, wie er ist. Wir können Veränderungen anstoßen und damit die Weichen für künftige Momente stellen. Den jetzigen Moment aber können wir nur so akzeptieren, wie er ist. Wenn wir das in diesem Moment nicht so sehen und erleben können, dann ist das für diesen Moment ebenfalls so, wie es ist. Dann können wir okay mit unserer Unzufriedenheit sein.

Akzeptanz ist wie

Lassen Sie mich Ihnen noch zwei Metaphern für Akzeptanz geben. Für jede und jeden von uns greift ein anderes Beispiel, um die Akzeptanz zu verstehen. Also: Der Postbote wirft Briefe in meinen Briefkasten, manchmal klingelt er auch, wenn die Post nicht in den Briefkasten passt. Ich habe noch nie gesagt, dass ich einen Brief nicht will und er ihn wieder mitnehmen solle. Ich nehme die Post an, ob sie mir gefällt oder nicht. Mancher Brief wandert sofort in den Müll. Einige Briefe freuen mich, anderen bedeuten Arbeit, ich muss Rechnungsbeträge überweisen oder Formulare ausfüllen. Ich und mein Briefkasten nehmen alle Briefe an. Das ist Akzeptanz.

Oder: Eine Welle nach der anderen fließt auf den Strand. Der Strand ist offen und bereit, jede Welle anzunehmen, so wie sie kommt. Der Strand sagt nicht: »Ich akzeptiere nur jede zweite Welle.« Er nimmt jede einzelne Welle an und trägt geduldig ihr Kommen und Gehen.

Akzeptanz will geübt werden, wir können nicht verlangen, dass wir sie sofort umsetzen und leben können. Deswegen gebe ich Ihnen hier so viele Bilder und praktische Anregungen mit auf den Weg – so auch die folgende Beschreibung.

DAS FENSTER ÖFFNEN UND AUF DEN BALKON TRETEN

Stellen Sie sich vor, Sie sind am Morgen aufgestanden, haben sich gerade einen Kaffee gemacht und schauen aus dem Fenster. Sie sehen das Morgenrot am Himmel, das die aufgehende Sonne ankündigt. Sie können das kurz wahrnehmen und dann gleich weiter in Ihrer Zeitung lesen, das Geschirr abräumen und weiterhin das tun, was Sie morgens eben so tun, um sich auf den Tag vorzubereiten.

Sie können aber auch einen Moment innehalten, vielleicht das Fenster öffnen und auf den Balkon treten. Dann spüren Sie die kalte Morgenluft, sehen, wie sich der Himmel allmählich von Rot zu Orange färbt. Sie hören das Vogelgezwitscher. So ist es gerade. Vielleicht öffnet sich auch ein inneres Fenster und Sie nehmen wahr, wie es Ihnen geht. Nach einer Weile wird es Ihnen kalt. Sie hören nun vermehrt die Geräusche der Stadt und der benachbarten Bundesstraße. So ist es gerade. Sie nehmen auch diese Dinge einfach wahr und lassen sie so sein, wie sie jetzt sind.

Was ist, ist.
Sie können nicht verändern,
was bereits da ist. Es ist. Und es ist okay.

ÜBUNG

Es ist OK, so wie es gerade ist

Öffnen Sie für diesen Moment das innere Fenster. Öffnen Sie Ihre Sinne für das, was in diesem Augenblick gerade da ist.

Was sehen Sie gerade?

Was hören Sie gerade?

Was spüren Sie gerade?

Lassen Sie sich für einen Moment darauf ein. Seien Sie offen für das, was jetzt die Realität um Sie herum ausmacht. Es ist OK so, es ist für diesen Moment perfekt, es ist ganz. Und auch Sie sind in diesem Moment OK Sie sind, wie sie sind. Öffnen Sie sich dafür.

AKZEPTANZ UND GEDANKEN

Sobald Sarahs Tochter schlechte Noten schreibt oder unglücklich ist, weil sie nicht zu einem Kindergeburtstag eingeladen wurde, denkt Sarah: »Ich bin eine schlechte Mutter. Ich bin nicht gut genug. Ich hätte mit ihr mehr lernen müssen. Ich hätte ihr mehr Selbstbewusstsein vermitteln müssen …« Zu dem Frust ihrer Tochter fügt sich Sarah zusätzlichen Schmerz zu, indem sie die Dinge so interpretiert. Und sie merkt es meistens gar nicht. Sie leidet dann hauptsächlich an der Idee, eine schlechte Mutter zu sein, und an ihren Schuldgefühlen, die sie sich ebenfalls selbst eingeredet hat. Sarah hat sich damit vom Erleben ihrer Tochter entfernt, sie ist unbemerkt bei sich selbst und ihren eigenen Glaubenssätzen gelandet. Viele Menschen verwechseln in solchen Momenten ihre Interpretationen und Gedanken mit Empathie oder Mitgefühl. Es ist sehr wichtig, dass wir das genau betrachten und unterscheiden lernen: Die Fakten einer Situation und unsere Interpretationen und Bewertungen sind zwei verschiedene Dinge. In unserem Kopf verschmelzen sie oft unbemerkt zu unserer Sicht auf die Welt – ich hatte dies unter dem Begriff Fusion bereits beschrieben. Wir bemerken dann gar nicht mehr, dass wir uns selbst beispielsweise nur noch durch die »Ich bin nicht gut genug«-Brille sehen.

Oder nehmen wir Lara. Sie betrachtet bei einem Online-Meeting ständig ihr eigenes Bild auf dem Bildschirm. Dabei kommen automatisch Gedanken auf wie: »Ich mag mich nicht. Ich habe schon ziemlich viele Falten, die werden immer tiefer. Hätte ich doch die Haare frisch gewaschen vor dem Meeting …« Nur am Rande bekommt sie mit, was in dem Meeting besprochen wird. Automatisch geht sie davon aus, dass die anderen sie ebenso kritisch betrachten, wie sie selbst sich sieht. Sie bemerkt gar nicht, dass sie die »Ich bin nicht attraktiv genug«-Brille aufgesetzt hat.

SIND ALLE GEDANKEN »OK«?

Wenn wir von Akzeptanz sprechen, geht es natürlich auch darum, dass wir unsere Gedanken – wenn sie sowieso schon in unserem Kopf aufgetaucht sind – akzeptieren sollten. Aber sollen wir ihnen auch recht geben? Sollen wir glauben, was sie uns sagen? Nein, das wäre ein großes Missverständnis. Dann hätten wir die Akzeptanz falsch verstanden. Akzeptanz von Gedanken bedeutet, dass wir unsere Gedanken als das sehen, was sie sind: Worte, Sätze, Vorstellungen, Geschichten, Bewertungen in unserem Kopf. Nicht mehr und nicht weniger. Unsere Gedanken sind keine Tatsachen.

Akzeptanz von Gedanken bedeutet daher nicht, dass wir all unseren Gedanken zustimmen oder sie gar für wahr und richtig halten sollten. Wir sollten uns von unseren Gedanken eher distanzieren und sie mit etwas Abstand betrachten.

Meistens führen unsere Gedanken weg von der realen Situation. Lara ist mehr mit ihrem Kopfkino beschäftigt als mit den Inhalten des Meetings. Vermutlich sind die meisten Gedanken, mit denen sie sich während der Besprechung befasst, inhaltlich sogar falsch. Die anderen sehen wahrscheinlich nicht ihre Falten und niemanden interessiert es, ob Laras Haare nun frisch gewaschen sind oder nicht. Es würde vermutlich auch niemand den Unterschied feststellen.

Für Lara könnte es hilfreich sein, innerlich einen Schritt zurückzutreten und zu bemerken, welche Gedanken ihr gerade durch den Kopf gehen. Aus der Sicht ihres beobachtenden Selbst könnte sie entdecken, welche Brille sie gerade aufhat. Sie könnte aus ihrer gedanklichen Geschichte aussteigen und ihre Aufmerksamkeit wieder auf das Meeting lenken.

Manchmal ist es gar nicht so einfach, die Tatsachen zu identifizieren. Hier kann etwas hilfreich sein, was auch Kameracheck genannt wird. Dabei stellt man sich vor, wie eine Kamera die Situation aufgenommen hätte. Was hätte die Kamera tatsächlich erfasst? Beispielsweise wäre im ersten Beispiel Sarahs weinende Tochter zu sehen und daneben Sarah, wie sie ihre Tochter tröstet. Es wäre aber kein »Ich bin eine schlechte Mutter« auf dem Film zu sehen. Das wären nur Gedanken in Sarahs Kopf, die sie der Situation hinzugefügt hat. Die Kamera nimmt einfach das auf, was da ist. Sie fügt nichts hinzu – genauso wie unser beobachtendes Selbst.

Sätze wie »Ich bin eine schlechte Mutter« oder »Ich bin nicht attraktiv genug« sind Glaubenssätze, die wir als solche identifizieren sollten. Sie schieben sich wie Filter vor unsere Augen und lassen uns Einflussfaktoren der Realität nicht mehr klar erkennen. Wir dringen mit ihnen nicht mehr zu den Fakten vor, die in der Situation gegeben sind.

Wir müssen unsere Interpretationen und Gedankeninhalte nicht akzeptieren. Wir sollten sie nicht mit Tatsachen verwechseln.

Deshalb ist Defusion, also die Loslösung der realen Ereignisse von den Bewertungen, so wichtig. Akzeptanz bezieht sich nur auf die Fakten des Hier und Jetzt und nicht auf unsere Sorgen- oder Grübelfantasien. Gedanken entstehen oft ganz automatisch, weswegen es auch überhaupt keinen Sinn ergibt, wenn wir uns für sie verurteilen oder versuchen, sie zu unterdrücken. Vielmehr dürfen wir akzeptieren, dass wir nur wenig Kontrolle über die Gedankenmaschine in unserem Kopf haben.
Und wir sollten die Gedanken als Phänomene in unserem Kopf akzeptieren und sagen: »Aha, mein Kopf produziert wieder Gedanken und Geschichten.« Wir sollten die Gedankeninhalte und Bewertungen nicht mit der Realität verwechseln und alles für wahr halten, was unser Kopf so von sich gibt.
Akzeptanz von Gedanken bedeutet, dass wir aus der Beobachterperspektive auf die Gedanken blicken und sehen, dass unser Geist automatisch Gedanken herstellt. So ist es. Wie stehen auf dem Bahnsteig und beobachten unsere Gedankenzüge. Der Blick durch die Brille unserer Gedanken unterscheidet sich davon deutlich. Im beobachtenden Selbst können wir bemerken: »Ah, ich war wieder in einem Gedankenzug.«

DEN KAMPF AUFGEBEN

Annehmen müssen wir die Fakten, aber nicht unsere Bewertungen. So lernte es auch Jan, der schwer verletzt einen schweren Autounfall überlebt hatte. Er hatte seitdem eine starke Gehbehinderung und Schmerzen in den Gelenken. Jan hasste seinen Körper dafür, dass er nicht mehr so gut funktionierte. Oft führte er innere Dialoge: »Ich hasse dich, du scheiß Körper, du bereitest mir nur Schmerzen.« Jan war voller Hass und Kampf. Er haderte sehr mit seinem Schicksal.
Der Prozess der Annahme dauerte bei ihm Jahre. Irgendwann begann er, seinen Körper nicht mehr abzulehnen, sondern eher wie ein verletztes Kind zu betrachten, das seine Zuwendung und Fürsorge benötigt. Im Laufe der Jahre waren die Befunde seiner Fuß- und Kniegelenke noch schlechter geworden. Aber er hatte aufgehört, gegen seinen ver-

letzten Körper zu kämpfen, und erstaunlicherweise konnte er mit den Schmerzen viel besser leben. Die Schmerzen waren zwar noch da, sie gehörten irgendwie zu seinem Leben dazu, aber der erlebte Schmerz war deutlich weniger geworden.

Es ist für uns meist sehr schwer, unser Erleben oder eine Situation wahrzunehmen, ohne sie zu bewerten. Unser Kopf fügt automatisch Interpretationen und Bewertungen hinzu. So wie bei Jan, der automatisch zu seinem Schmerz die Bewertungen »furchtbar«, »schrecklich« und »Ich hasse meinen Körper« hinzugefügt hatte. Es war für ihn selbstverständlich, automatisch und richtig, so zu denken. Angesichts der harten Erfahrungen, die Jan machen musste, ist das auch gut nachvollziehbar. Allerdings fügte es zu dem nun mal vorhandenen Schmerz viel Leid hinzu. Indem er die Bewertung losließ, fand Jan zur Akzeptanz und erlebte damit allmählich auch eine Verringerung seines Leidens.

AKZEPTANZ UND GEFÜHLE

Vor ein paar Wochen war ich bei einem Arzt. Nach der Untersuchung stellte er fest, dass noch ein MRT am Kopf notwendig sei. Als er dies sagte, stiegen in mir Angst und Panik auf. Ich erinnerte mich an meine letzte MRT-Untersuchung während der Coronapandemie. Ich habe leichtes Asthma und musste eine FFP2-Maske tragen. In der Röhre spürte ich etwas Atemnot und erlitt eine Panikattacke. Nur mit Mühe konnte ich die Untersuchung zu Ende führen lassen. Allein die Vorstellung, wieder mit dem Kopf in der Röhre zu liegen, löste jetzt Angst in mir aus. »Bloß das nicht! Bloß weg hier!« Das war meine erste innere Reaktion. Es war sofort mein innerer Vermeider aktiv geworden, der mir einredete: »Dieses unangenehme Gefühl will ich nicht mehr erleben.« Es ging also gar nicht um das MRT, sondern um das unangenehme Gefühl vor und während der Untersuchung.

Vielleicht kennen Sie ähnliche Situationen, in denen Sie befürchten, dass unangenehme Gefühle auftauchen, wenn Sie zum Beispiel einen

Vortrag halten, einen Zahnarzttermin haben oder ein Gespräch mit dem Vorgesetzten. Der innere Vermeider will Sie vor den damit verbundenen unangenehmen Gefühlen schützen. Er erscheint auf der inneren Bühne, sobald Missempfindungen drohen. Seine Reaktion ist gut gemeint – aber sie ist das Gegenteil von Annahme und Bereitschaft. Vermeidung kann viele Erscheinungsformen annehmen. In meinem Fall war es der Impuls: »Bloß weg hier!« Die Untersuchung vermeiden, verschieben, nicht hingehen. Aber auch Verhaltenssüchte, Formen der Betäubung, Aktivismus, Workoholismus, aber auch Aggression oder Rückzug können Vermeidungsstrategien sein.

In meinem Fall war leider klar, dass ich mich der Behandlung irgendwann stellen muss. Langsam schaltete sich mein innerer Beobachter ein: »OK, ich bin bereit, die Angst zu tragen und zu akzeptieren.«

Ich nahm mehr und mehr wahr, wie es eng in der Brust wurde, sobald ich an das MRT dachte. Mein Herz schlug schneller und Angst stieg in mir auf. Ich nahm es einfach wahr. Ich begann den Raum zu spüren, in dem die Angst in Wellen aufstieg und wieder abklang.

Bis zum Untersuchungstermin erlebte ich immer wieder beides: die Wellen der Angst und meine Bereitschaft und Offenheit für das unangenehme Gefühl. Am Untersuchungstag war es wieder verstärkt da. Das Warten im Untersuchungszimmer mit FFP2-Maske war besonders unangenehm. »Ich bin bereit, meine Angst zu spüren.« Ich lenkte wiederholt meine Aufmerksamkeit auf das unangenehme Gefühl. Erfreulicherweise erlaubte mir der Untersucher, meine Maske abzulegen.

Ich wurde in die Röhre geschoben. »Ich bin bereit.« Das Hämmern und Klopfen des MRT begann. »Ich bin bereit.« Ich spürte meine Anspannung, die lauten Geräusche waren sehr deutlich durch den Kopfhörer zu hören. Ich spürte und hörte auf alles und war bereit für das, was da war. Zu meiner Überraschung stellte sich Entspannung ein. Meine Arme wurden schwer. Ich beobachtete offen und bereit die weitere Untersuchung. Und dann war es auch schon geschafft und ich erlebte Erleichterung.

Neue Erfahrungen ohne das Gewohnte

Ich habe auf einer Zugfahrt von Stuttgart nach München an diesem Kapitel über Akzeptanz und Bereitschaft gearbeitet. Kurz vor München fiel mir auf, dass jemand meinen Koffer mitgenommen hatte, stattdessen stand ein anderer Koffer da. Offensichtlich eine Verwechslung. Ich hatte den Eindruck, das Schicksal wollte meine Offenheit testen. War ich bereit, auch ohne Zahnbürste, Schlafanzug, Rasierapparat und frische Socken zu einem Hüttenwochenende zu fahren? Nach anfänglichem Frust war ich offen – für den Frust, die Unannehmlichkeiten, die Recherche nach meinem Koffer. Diese Bereitschaft half mir, mit meinen Gefühlen zu sein und die nötigen Dinge zu tun. Und was soll ich sagen? Das Wochenende wurde ein voller Erfolg. Mir fiel auf, wie wenig man eigentlich benötigt und wie viel Unterstützung und Freundlichkeit man erfährt, wenn man hilfsbedürftig ist. Ich hatte viel Spaß auf der Hütte, auch ohne Rasierapparat und frische Socken.

BEREITSCHAFT FÜR UNANGENEHME GEFÜHLE

Das Wetter zu akzeptieren, fällt uns relativ leicht. Wir haben sowieso keinen Einfluss darauf. Wenn es in Strömen regnet, dann bleiben wir eben zu Hause und beschäftigen uns dort. Die innere Gefühlswetterlage aber übersehen wir meistens, wir wollen nicht viel damit zu tun haben. Lieber lenken wir uns ab und tun irgendwas. Unseren Gefühlen mit Offenheit und Akzeptanz zu begegnen, das haben wir einfach nicht gelernt.

Eine Klientin sagte mir, sie möchte nur die guten Gefühle. Die schlechten Gefühle möchte sie nicht erleben müssen. Leider aber funktioniert das nicht. Diese Haltung führt eher dazu, dass wir uns von all unseren Gefühlen entfernen. Viele fühlen sich dann entfremdet und wenig im Kontakt mit sich selbst. Bei manchen Menschen kann das dazu führen, dass sie sogar eine diffuse Unsicherheit oder Angst vor ihren Gefühlen spüren.

Bei vielen Ereignissen und Situationen geht es letztlich nicht um die äußeren Umstände, die uns nicht gefallen. Es geht um die Gefühle, die wir nicht fühlen wollen. Wir meiden ein Bewerbungsgespräch nicht wegen der äußeren Situation, sondern weil wir befürchten, unangenehme Gefühle zu fühlen, wie Unsicherheit, Scham oder Enttäuschung und Kränkung im Falle einer Ablehnung.
Oder nehmen wir Trauer, die entsteht, wenn ein vertrauter Mensch stirbt. Wenn wir diese Trauer nicht spüren und erleben wollen, dann verschleppen wir sie und es kommen weitere unangenehme Gefühle auf. Auch deshalb ist es wichtig, dass Akzeptanz und Annahme geübt werden – für möglichst alle Gefühle, Stimmungen und Empfindungen in uns.

REFLEXION

Gefühle akzeptieren lernen

Lesen Sie die Definition von Akzeptanz noch einmal durch und denken Sie dabei an Gefühle, Stimmungen, Empfindungen, insbesondere auch welche unangenehmer Art. Wie geht es Ihnen damit?
Akzeptanz heißt: ankommen bei dem, was gerade ist.
Akzeptanz heißt: ankommen im Ich-hier-jetzt mit allen inneren Stimmungen und äußeren Gegebenheiten.
Akzeptanz heißt: sehen, spüren, empfinden – so ist es gerade.
Akzeptanz heißt: ankommen bei den Fakten einer Situation (und nicht mehr bei den Bewertungen, Vorstellungen und Interpretationen).
Akzeptanz heißt: die Wahrheit des Augenblicks sehen.

Gefühle kommen und gehen in Wellen. Manche enthalten wichtige Informationen über unsere Bedürfnisse, manche Botschaften unserer Gefühle signalisieren Gefahr. Unsere Aufgabe ist es, ihre Inhalte zu prüfen. Akzeptanz und Bereitschaft bedeutet, dass wir offen sind, die Gefühle zu spüren, wenn sie eben da sind, auch wenn wir dem Inhalt keinen Glauben schenken. Viele Gefühle sind falscher Alarm. Es geht um die Akzeptanz dafür, dass ein spürbares Gefühl jetzt da ist. Ob es wahr, falsch, hilfreich oder hinderlich ist und ob wir dem Gefühl zustimmen und uns von ihm leiten lassen, ist damit noch nicht gesagt.

SELBSTAKZEPTANZ

In einer Kultur der Selbstoptimierung und des Perfektionsstrebens ist es gar nicht so einfach, Selbstakzeptanz zu entwickeln und zu bewahren. Wir wollen dazugehören, deshalb passen wir uns an. Selbstakzeptanz aber bedeutet, dass wir uns als ganze Person mit all unseren Gefühlen, Gedanken, unserem Körper und unserer Lebenssituation, wie sie gerade ist, annehmen. Wir schauen hinter unsere Fassade und können auch unsere Scham und unsere Verletzlichkeit sehen. Wir können zu uns selbst stehen, mit allen Ecken und Kanten.

Es ist das tiefe Bedürfnis jedes Neugeborenen, einfach angenommen zu sein, so wie es ist. Das Baby sucht dieses Angenommensein bei seinen Eltern. Als Erwachsene aber können wir diese Akzeptanz in uns selbst finden. Wir können lernen, uns so anzunehmen, wie wir gerade sind.

Angenommen sein,
ohne etwas leisten zu müssen,
das ist eine Ursehnsucht in uns allen.

ÜBUNG

Freund-im-Kopf-Übung, Teil 4

Vertiefen Sie die ersten Schritte durch Akzeptanz und Bereitschaft. Halten Sie für einen Moment inne. Kommen Sie an dem Ort, an dem Sie sich gerade befinden, vollständig an. Sie müssen für einen Moment nichts leisten. Sie brauchen nur dort anzukommen, wo Sie gerade sind. So wie Sie gerade sitzen oder stehen, sind Sie für diesen Moment in Ordnung.

Spüren Sie, wie Ihre Füße den Boden berühren. Spüren Sie in Ihre Fußsohlen und Knöchel hinein. Sie sind mit Ihrer Aufmerksamkeit voll und ganz dort, wo Ihre Füße sind.

Dann lenken Sie Ihre Aufmerksamkeit auf das, was Sie hören. Welche Geräusche nehmen Sie wahr? Hören Sie etwas aus benachbarten Räumen? Oder hören Sie Geräusche der Natur? Zwitschern die Vögel, hören Sie das Rauschen der Bäume im Wind? Fahren Autos vorbei? Seien Sie offen für jedes Geräusch.

Und nun bringen Sie die Aufmerksamkeit auf das Sichtbare. Was sehen Sie? Schauen Sie sich um. Was sehen Sie in dem Raum, in dem Sie sich befinden? Was ist im Vordergrund? Was im Hintergrund? Welche Farben und Formen sehen Sie?

Pendeln Sie hin und her zwischen dem, was Sie in Ihren Füßen und in Ihrem ganzen Körper spüren, und dem, was Sie hören und sehen. Kommen Sie ganz an im Wahrnehmen und Spüren. So wie Sie jetzt hier sind, an diesem Ort, sind Sie in Ordnung.

Bemerken Sie Gedanken und lassen Sie sie weiterziehen. Automatische Gedanken dürfen kommen und gehen. Sie müssen nichts mit ihnen tun. Sie bemerken die Gedanken ... und lassen sie vorbeiziehen. Bleiben Sie auf dem Bahnsteig stehen und lassen Sie die Züge vorbeifahren.

Lenken Sie die Aufmerksamkeit immer wieder sanft zurück auf das, was Sie spüren. Der Erlebnisraum ist weit und offen, Gedanken ziehen durch diesen weiten Raum, wie Wolken am Himmel. Bemerken Sie die Weite und Offenheit.

Erlauben Sie sich einen Moment, ganz hier zu sein. Innerlich offen und bereit.

Spüren Sie hinein in Ihren Körper, Ihre Füße und Beine. Spüren Sie den Innenraum Ihrer Füße und Beine. Ihr Körper ist durch die Haut begrenzt. Spüren Sie hinein in Ihren Brust- und Bauchraum und Ihre Arme und Hände. Seien Sie innerlich offen und bereit für das, was Sie spüren und empfinden. Sein Sie innerlich bereit, bewusst das zu erleben, was da ist. Wie ein Strand, der bereit ist für jede Welle, die über den Sand strömt.

Welche Körperempfindung nehmen Sie wahr? Ist da Schwere oder Wärme oder Müdigkeit und Verspannungen? Oder nehmen Sie Gefühle oder Stimmungen wahr? Ist da Unruhe oder Nervosität? Oder nehmen Sie Gefühle wie Trauer oder Angst wahr?

Alles, was da ist, darf in diesem Moment einfach sein, in diesem Raum des Erlebens. Sie müssen nichts damit tun. Gefühle und Empfindungen dürfen da sein und kommen und gehen wie Wellen am Strand. Sie sind in diesem Moment offen und bereit.

Eine innere Tür geht auf, eine Herzenstür. Das Erleben darf in diesem Moment da sein, ohne dass Sie etwas damit tun müssen.

Wenn es Impulse gibt, die wegwollen oder die Gefühle wegdrücken wollen, dann nehmen Sie auch diese Impulse wahr. Auch sie dürfen im Raum des Erlebens jetzt da sein.

Ebenso wie automatische Gedanken, auch sie dürfen kommen und gehen. Sie müssen nichts mit ihnen tun. Sie nehmen sie wahr und lassen sie weiterziehen.

Lenken Sie die Aufmerksamkeit immer wieder sanft zurück auf das, was Sie spüren. Der Erlebnisraum ist weit und offen, Gedanken und Gefühle ziehen durch diesen weiten Raum wie Wolken. Bemerken Sie die Weite und Offenheit Ihres beobachtenden Selbst.

FÜNFTER ZUGANG:
INNERE FREUNDLICHKEIT

»Sie haben wieder nicht die Zahlen erreicht, die wir beim letzten Mitarbeitergespräch vereinbart haben.« Carlas Abteilungsleiter schaut sie nicht einmal an bei diesen Worten. Er zeigt nur auf die Tabelle auf seinem Bildschirm. Jedes Wort ist wie ein Hammerschlag. Carlas Gesicht wird ganz heiß und in ihrer Magengegend wird es flau. Sie möchte am liebsten im Boden versinken. Bloß weg aus dieser Situation! Aber nein, es geht weiter: »Die Überstunden haben Sie auch noch nicht abgebaut.« Carla fühlt sich klein und verletzlich. Wie ein begossener Pudel verlässt sie das Büro des Chefs. Seitdem fühlt sie sich sehr gestresst. Sie schläft nicht mehr gut und leidet wieder unter Rückenschmerzen. Am Arbeitsplatz fühlt sie sich nicht mehr wohl und möchte am liebsten kündigen. Gern erinnert sich Carla an ihre frühere Chefin. Die war freundlich und wohlwollend. Sie hat ihr ins Gesicht geschaut, die Freude über die gute Zusammenarbeit war ihr anzusehen. Die Gespräche mit ihr waren motivierend, das Arbeiten hat Freude bereitet. Carla leidet darunter, von ihrem neuen Abteilungsleiter kritisiert und nicht gesehen zu werden. Die Atmosphäre ist ganz anders geworden, kalt und abweisend. Sie denkt immer wieder daran, die Stelle zu wechseln.

DER FREUNDLICHE BLICK

Es tut so gut, einen Freund zu begrüßen, der im Türrahmen steht und sich über unseren Besuch freut. Ein Lächeln, eine Umarmung. »Schön, dich zu sehen. Hey, wie geht's?« Das Interesse ist echt. Die Atmosphäre freundlich und warmherzig. Das tut gut. Es trifft auf ein tiefes Bedürfnis, das wir in uns tragen. Dieses Bedürfnis schlummert in uns, seit wir auf die Welt gekommen sind. Wir wollen angenommen sein und eine freundliche Wärme der Verbundenheit spüren, ohne etwas dafür leisten zu müssen. Freundlichkeit und Mitgefühl berühren diese tiefe existenzielle Dimension in uns. Auf einem Selbsterfahrungsseminar meinte eine teilnehmende Kollegin: »Kann es sein, dass es bei uns allen immer wieder um diese ursprüngliche Liebe und Freundlichkeit geht, die wir gebraucht hätten, als wir klein waren?« Ich denke, ja.

VERBUNDENHEIT – EIN WIRKLICHES LEBENSELIXIER

Wenn Säuglinge auf die Welt kommen, haben sie eine großartige Fähigkeit: Sie lenken die Aufmerksamkeit der Mutter oder des Vaters auf sich. Nur so kann der Säugling und später das Kleinkind überleben. Als Babys sind wir abhängig vom fürsorglichen Blick der Eltern.

Der Entwicklungspsychologe Edward Tronick führte in den 1970er- und 1980er-Jahren das »Still-Face«-Experiment durch. Dabei wurden die Eltern von kleinen Kindern zwischen sechs Monaten und zwei Jahren angeleitet, zuerst ganz normal und liebevoll mit ihren Kindern zu kommunizieren. Nach einer Weile wurde die Mutter gebeten, sich abzuwenden und danach ein »still face«, ein ausdrucksloses Gesicht zu zeigen und nicht mehr auf die Signale des Kindes zu reagieren. Kinder bemerken diesen Unterschied sofort. Sie setzen dann alles in Bewegung, um wieder die liebevolle Aufmerksamkeit zu erhalten. Manche Kinder werden unruhig, fangen an zu zappeln und zu schreien oder ziehen sich emotional zurück und werden apathisch. Sie setzen all das ein, was sie bisher gelernt haben, um wieder in Kontakt zu kommen. Sobald die Mutter wieder den normalen liebevollen Kontakt herstellt, reagiert das Kind freudig. Die erneute freundliche Verbundenheit mit der Mutter beruhigt die Stressreaktion des Kindes meist sehr schnell. Tatsächlich tragen wir ein tief verankertes Bindungs- und Beruhigungssystem in uns, das dann aktiv wird, wenn wir uns freundlich angenommen und gesehen fühlen. Es werden Hormone in unserem Gehirn ausgeschüttet, die beruhigen, insbesondere Oxytocyn. Das Stress- und Alarmsystem wird runtergefahren und wir fühlen uns geborgen und sicher. Das Bindungs- und Beruhigungssystem wird vor allem dann aktiv, wenn wir den freundlichen, mitfühlenden Blick spüren – der auch den fünften Zugang zum beobachtenden Selbst darstellt.

In der Compassion Focused Therapy von Paul Gilbert steht es im Zentrum der Therapie, eine freundliche innere Bindung zu sich selbst aufzubauen. So wie ein liebender Vater diesen freundlichen Blick auf seine Tochter wirft, die ihm gerade zuruft: »Papa, Papa, schau mal!« Der Vater schaut hin und sieht, wie seine fünfjährige Tochter auf der Schaukel sitzt und versucht, immer höher zu schwingen. Er freut sich und lacht mit ihr. Eine innere Verbindung ist spürbar. Kinder reifen und entwickeln sich unter diesem liebevollen Blick, dies konnte in vielen entwicklungspsychologischen Studien gezeigt werden. Kinder wollen einerseits neugierig die Welt erkunden, andererseits dann aber wieder eine sichere Verbindung aufnehmen, so wie die Tochter schaukeln gehen und danach auf Papas Schoß sitzen und Geborgenheit und Wärme spüren will.

Es geht dabei nicht nur um leibliche Kinder. Wenn Sie ein Kind sehen, dass auf der Straße hinfällt, wird vermutlich auch bei Ihnen sofort eine freundliche, tröstende Reaktion auftauchen. In Ihnen entsteht der Wunsch, das Kind zu beruhigen. Dieser freundliche Blick taucht bei den meisten Menschen auch auf, wenn sie sich einen jungen Hund oder eine Katze vorstellen, die tapsig auf sie zukommen.

Die innere Freundlichkeit taucht oft im Leben auf. Sie können sie regelrecht kultivieren.

ERLEBEN

Der freundliche Blick

Nehmen Sie eine Position ein, die für Sie angenehm ist, egal, ob Sie sitzen oder liegen. Lenken Sie langsam die Aufmerksamkeit nach innen. Spüren Sie, wie Ihre Füße den Boden berühren. Wo befinden sich gerade Ihre Hände? Wie sitzen oder liegen Sie?

Lenken Sie nun langsam die Aufmerksamkeit auf Ihren Atem. Vielleicht spüren Sie, dass die Luft, die Sie einatmen, etwas kühler ist als die Luft, die Sie ausatmen. Bleiben Sie bei der Atembewegung in Ihrem Körper, so wie Sie sie wahrnehmen.

Versuchen Sie nun, sich ein mitfühlendes Wesen vorzustellen. Dies kann eine reale Person sein, eine Freundin oder ein früherer Lehrer, eine fürsorgliche Oma oder Tante. Nehmen Sie eine Person, die für Sie Annahme, Freundlichkeit und Mitgefühl verkörpert. Es kann auch eine religiöse Gestalt sein wie Jesus oder Buddha. Es kann aber auch ein Tier, ein Film- oder Fabelwesen oder eine Fantasiegestalt sein. Es sollte ein Wesen oder eine Person sein, mit der Sie Annahme und Fürsorge verbinden, eine Person, die zu Ihnen steht. Vielleicht können Sie sich auch an reale Erfahrungen von Liebe und Fürsorge mit dieser Person erinnern.

Versuchen Sie nun, sich möglichst konkret vorzustellen, wie Sie dieser Person begegnen. Was sehen Sie? Welche Mimik nehmen Sie im Gesicht der Person wahr? Vielleicht ein Lächeln, einen freundlichen Blick, interessiert und liebevoll. Wie fühlt sich die Anwesenheit dieses mitfühlenden Wesens an?

Wie ist Ihre Begegnung? Sagt die Person etwas oder spüren Sie eine mitfühlende Geste? Stellen Sie sich möglichst konkret mit allen Sinnen vor, wie Sie von der Person freundlich wahrgenommen und angenommen werden.

Welches Körperempfinden nehmen Sie wahr? Welches Gefühl macht sich breit? Ist es angenehm? Dann lassen Sie zu, wie es sich in Ihrem gesamten Körper ausbreitet.

Vielleicht haben Sie gerade etwas auf dem Herzen und wünschen sich Trost. Dann können Sie sich damit an diese Person, an dieses Wesen wenden. Erzählen Sie ihm, was Sie belastet, und beobachten Sie, wie es sich anfühlt, damit gesehen zu werden.
Sie dürfen wissen, dass sie sich auch in Ihrem Alltag innerlich an diese Person wenden können, wenn Sie Trost und Fürsorge brauchen. Auch sie ist wie ein innerer Freund, eine innere Freundin. Erlauben Sie sich dann, einfach in der freundlichen Gegenwart dieses mitfühlenden Wesens zu entspannen.
Lassen Sie nun das innere Bild wieder los. Sie dürfen wissen, dass Sie diese Person, dieses Wesen innerlich wohlwollend begleitet. Sie können jederzeit auf diese Quelle von Mitgefühl und Freundlichkeit zurückgreifen.
Verweilen Sie noch einen Moment in dem, was Sie spüren, und geben Sie dem Erleben von Angenommensein Raum. Spüren Sie dieses Gefühl, das Sie selbst mit dieser kleinen Übung in Ihrem Kopf und Ihrem Körper erzeugt haben.

DER LÄCHELNDE FREUND IM KOPF

Denken Sie an den Anblick des schwanzwedelnden jungen Hundes, die herzliche Begrüßung eines Freundes oder das wärmende Sonnenlicht im Frühling. Seien Sie sich dessen bewusst, dass Ihr beobachtendes Selbst auch dann ins Spiel kommt, wenn Sie in sich diesen freundlichen Blick spüren, um den es bei diesem fünften Zugang geht. Ihr beobachtendes Selbst haben Sie im Laufe der Kapitel immer intensiver kennengelernt – und nun fokussieren wir uns darauf, dass es in all seiner Aufmerksamkeit und Akzeptanz freundlich, mitfühlend und liebevoll ist. Sie tragen diesen freundlichen Beobachter immer in Ihrem Kopf. Das Scheinwerferlicht der Aufmerksamkeit ist nicht frostig oder kritisch, es ist ein warmes, freundliches Licht. Es ist ein wohlwollender Blick. Fürsorglich und liebevoll.

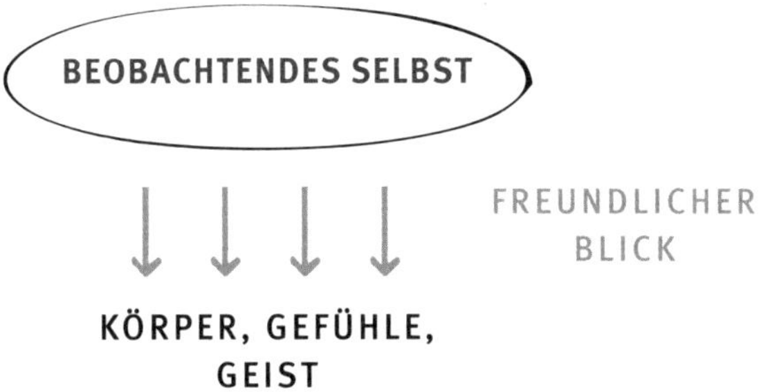

Dieser freundliche Blick ist enorm wichtig. Er kann uns den Alltag und das Leben überhaupt so viel leichter und angenehmer machen. Das gilt genauso dafür, wenn wir diesen Blick anderen schenken, wie dafür, wenn wir ihn auf uns selbst ruhen lassen. Leichter ist es zunächst, ihn für andere zu entwickeln. Vielleicht war es ganz selbstverständlich für Sie, an eine junge Katze zu denken und diesen freundlichen Blick zu erleben. Oder an Ihr Kind. Was fällt Ihnen noch ein, das in Ihnen diese innere Freundlichkeit weckt? Vielleicht die Pflege Ihrer Pflanzen oder das Singen im Chor. Vielleicht spielen Sie mit Freude ein Musikinstrument oder bewegen sich gern im Wald. Vielleicht spielen Sie Basketball oder sitzen gern auf Ihrem Fahrrad. Das freundliche bewusste Erleben tritt meistens ein, wenn wir uns innerlich verbunden fühlen: mit der Tätigkeit, mit der Natur oder mit den Menschen, mit denen wir zusammen sind.

REFLEXION

Ihr freundlicher Blick nach außen

Machen Sie sich – am besten schriftlich – bewusst, wann bei Ihnen wie von selbst der freundliche innere Blick anspringt. Denken Sie dann im Alltag gelegentlich an etwas von dieser Liste, um sich freundlich zu stimmen.

ÜBUNG

Ihr freundlicher Blick auf sich selbst

Üben Sie immer wieder mit dem freundlichen Blick nach außen, bis Sie zu beinahe jeder Zeit dieses offene Herz und diese innere Freundlichkeit hervorrufen können.

In einem weiteren Schritt geht es nun darum, diesen freundlichen Blick auf sich selbst zu lenken. Setzen Sie sich dafür entspannt hin und nehmen Sie wieder aufmerksam Ihren Körper wahr. Spüren Sie, wie Sie sitzen, nehmen Sie Ihre Beine und Ihren Rumpf wahr, Ihre Arme und Ihren Kopf, Ihren ganzen Körper.

Sehen Sie diesen Menschen, der Sie sind und der hier sitzt, vor Ihrem inneren Auge und betrachten Sie auch ihn mit diesem freundlichen Blick. Sie wissen, wie sehr sich dieser Mensch bemüht, sein Leben in der besten Weise gelingen zu lassen. Sie wissen von seinen Sorgen und seinen Erfolgen. Betrachten Sie ihn liebevoll und freundlich. Wünschen Sie ihm, dass es ihm gut geht.

Fällt Ihnen das schwer? Dann stellen Sie sich vor, dass eine wohlwollende Freundin im Raum ist und Sie liebevoll betrachtet. Schauen Sie durch ihre Augen – oder die Augen des mitfühlenden Wesens aus der vorletzten Übung – auf sich selbst und spüren Sie den freundlichen Blick auf sich ruhen. Sie sind nun beides, der freundliche Beobachter und das Objekt der Beobachtung, das sich freundlich betrachtet fühlt.

Vielleicht ist es ungewohnt, sich selbst zu liebevoll anzunehmen. Dennoch ist es etwas ganz Natürliches und je öfter Sie es praktizieren, umso selbstverständlicher können Sie es in Ihrem Leben nutzen. Ihr beobachtendes Selbst ist eine höchst liebevolle Instanz in Ihnen, die Ihr Umfeld und genauso Sie selbst stets freundlich und wohlwollend betrachtet. Wechseln Sie so oft wie möglich die Perspektive und erfahren Sie diesen Freund in Ihrem Kopf.

Wohlwollen ist ganz natürlich

Wenn Sie sich beim Zwiebelschneiden in den Finger schneiden, sorgen viele Kräfte in Ihnen dafür, dass die Wunde wieder heilt. Wenn Sie eine Grippe haben, kämpft Ihr Körper, dass es Ihnen bald wieder gut geht. Über Millionen von Jahren hat unser Organismus auf alle Veränderungen der Umwelt so reagiert, dass wir als Menschen überlebt haben und es uns gut geht. Ein Baby kommt auf die Welt und das Fürsorgesystem schenkt ihm und all seinen Bezugspersonen eine besondere Qualität, damit sich alles darum dreht, dass das Baby glücklich ist und gedeihen kann. Diese Energie der Heilung, des Gelingens, des Wohlwollens, der Freundlichkeit, sie ist das Natürlichste der Welt.

Wenn Sie Durst haben, könnten Sie denken: »Ah, das ist ein freundliches Signal meines Körpers, der mich daran erinnert, was ich gerade brauche.« Wenn Sie zu lange am Schreibtisch sitzen und Ihr Körper signalisiert Verspannung und Rückenschmerzen, dann wissen Sie, was Sie jetzt brauchen: Bewegung. Ist es nicht wunderbar, wie diese freundliche Lebensenergie so selbstverständlich in uns wirkt und für uns sorgt?

VORSICHT: INNERER KRITIKER

Den meisten Menschen fällt es leicht, Bäume zu mögen, im Winter die Vögel zu füttern und den eigenen Hund liebevoll zu behandeln. Viel schwerer ist es für sie, freundlich auf sich selbst zu blicken. Nehmen wir Tobias. Er arbeitet als Erzieher und ist unglaublich liebevoll und engagiert mit den Kindern. Sie hängen an ihm und streiten sich darum, wer auf seinem Schoß sitzen darf. Sobald es aber um ihn selbst geht, weil ich in einer unserer Therapiestunden beispielsweise eine Übung zum freundlichen Blick mit ihm machen möchte, reagiert er ablehnend: »Das ist doch egoistisch! Es fühlt sich irgendwie peinlich und komisch an.« Er würde die Übung am liebsten abbrechen. Es ist ihm völlig fremd, sich selbst freundlich zu betrachten – so wie es bei so vielen von uns ist.

Vor allem bei Menschen, die diesen freundlichen liebevollen Blick in ihrer Kindheit nur sehr selten erlebt haben, tauchen Abwehr, Scham oder Selbstkritik auf, wenn sie sich diesen mitfühlenden Blick nun selbst geben sollen. Tobias war bei einem sehr strengen Vater aufgewachsen, der sich nur selten liebevoll zeigen konnte. Erst als wir immer wieder übten, den liebevollen Blick, den Tobias den ihm anvertrauten Kindern schenken konnte, auf sich selbst zu lenken, bekam er einen Zugang zum Freund in seinem Kopf. Er begann, diesen Freund und dessen Freundlichkeit für sich selbst zu kultivieren.

Um zu einer stabilen Freundlichkeit sich selbst gegenüber zu finden, müssen wir lernen, unseren inneren Kritiker zu durchschauen und in Schach zu halten. Unsere gegenwärtige Leistungsgesellschaft ließ diesen überkritischen inneren Anteil in uns allen sehr stark werden. Die meisten Menschen heute pflegen einen harten, eher abwertenden Umgang mit sich selbst und treiben sich zu immer mehr Leistungen auf irgendeinem Gebiet an – seien es Arbeit und Erfolg oder auch Fitness und gutes Aussehen. Sobald wir von den selbst gesetzten, meist sehr hohen Normen abweichen, geht der innere Kritiker hart mit uns ins Gericht. Das aber aktiviert unser Stresssystem und kann weitere psychische und auch körperliche Phänomene hervorrufen, für die uns unser innerer Kritiker dann wiederum attackiert.

In vielen Studien konnte inzwischen gezeigt werden, dass Menschen, die dazu in der Lage sind, auch in schwierigen Zeiten liebevoll für sich zu sorgen, Krisen viel besser durchstehen. Mit dem wohlwollenden Blick auf uns selbst entsteht ein Erlebnisraum, in dem wir einfach so sein können, wie wir eben gerade sind. So wie wir uns an einer alten Eiche erfreuen können, wenn wir sie wahrnehmen, so können wir auch uns selbst mit Freude wahrnehmen und einfach da sein lassen. Das tut ungemein gut.

Selbstmitgefühl und Selbstfreundlichkeit sind wesentliche Faktoren für eine gute Resilienz.

Die Qualität unseres beobachtenden Selbst ist vergleichbar mit der Haltung eines freundlichen und tröstenden Freundes. Vielleicht können Sie sich an Momente erinnern, in denen Sie sich von einem anderen Menschen derartig wohltuend gesehen und verstanden gefühlt haben. Das sind kostbare Momente, die wir in unserer Erinnerung pflegen sollten. Und immer wieder können wir üben, diese freundliche Zuwendung zu erwecken und uns selbst zu schenken.
Eine solch positive zwischenmenschliche Erfahrung gilt uns als ganzer Person. In dieser wohlwollenden und freundlichen Präsenz ist es auch möglich, unangenehme Gefühle zu spüren und freundlich dabei zu bleiben, ohne diese Empfindungen vermeiden zu wollen. Wenn wir diese freundliche innere Präsenz kultivieren, führt das mit der Zeit dazu, dass wir eine große Vertrautheit mit unserem inneren Erleben entwickeln. Wir sind uns selbst dann nah, mit allem, was uns ausmacht.

»WIE BIN ICH MIT MIR?«

Die Autos stehen, obwohl die Ampel grün zeigt. »Verdammt, ich komme wieder zu spät.« Marko sitzt verkrampft am Steuer. Stop and go, nur langsam geht es voran. Der Stresspegel steigt. Das Auto steht, im Kopf rasen die Gedanken. Marko hasst es, zu spät zu kommen. Er betrachtet sich in solchen Momenten selbst durch den strafenden Blick seines Vaters, wenn er früher zu spät nach Hause kam. Sein Vater war

Polizist und Pünktlichkeit war oberstes Gebot. Manchmal gab es auch Schläge fürs Zuspätkommen.

Langsam löst sich der Stau auf. Marko kommt zehn Minuten zu spät zur Probe. Die anderen sind gerade erst dabei, ihre Instrumente auszupacken, die Notenständer stehen schon. Total gestresst stürmt Marco in den Raum. Was ihm begegnet, sind freundliche Umarmungen, liebevolle Worte, ein herzliches Willkommen: »Schön, dass du kommst.«

Die Wärme, die ihm entgegenströmt, lässt ihn entspannen. Er kann den Stress abschütteln und realisieren: Er war etwas zu spät und nichts Schlimmes ist passiert.

Den meisten von uns wird es wie Marko gehen. Wir haben durchaus einen Zugang zu Freundlichkeit und Mitgefühl – wenn es aber stressig wird, dann melden sich auch andere innere Stimmen, insbesondere unser innerer Kritiker. Dann kann es passieren, dass wir uns selbst beschimpfen und hart mit uns umgehen, was natürlich sehr schmerzhaft ist. Diesen Schmerz allerdings spüren wir oftmals gar nicht bewusst, da wir nicht aufmerksam genug sind. Unser beobachtendes Selbst ist in solchen Momenten nicht aktiviert.

Wie-Fragen können helfen, genauer zu erforschen, was uns da geschieht. Wie gehen wir gerade mit uns um? Wir bin ich gerade mit mir? Die Sprache drückt dieses Verhältnis sehr klar aus: Ich freue mich, heißt es. Oder: Ich schäme mich. Ich kritisiere mich. Ich liebe mich.

Wie sind Sie mit sich selbst?
Wie gelingt es Ihnen im Stress,
mit den dann auftauchenden Gefühlen zu sein?

ERLEBEN

Die Wie-Frage

Durch Wie-Fragen kommen Sie relativ leicht in die bewusste Wahrnehmung der inneren Beziehung zu sich selbst. Wenn Sie sich diese Fragen stellen, lassen Sie sich Zeit, diese innere Beziehung zu entdecken.
Wie ist es für Sie gerade, dieses Buch in den Händen zu halten?
Wie fühlen Sie sich? Wie gehen Sie in diesem Moment mit sich um?
Halten Sie im Alltag ab und zu inne und fragen Sie sich: Wie bin, wie arbeite ich gerade? Getrieben, unter Druck oder interessiert und offen?
Wie gehe ich gerade mit mir selbst um? Kritisch, bewertend oder freundlich und offen?
Wie bin ich gerade mit meinem Ärger, mit meiner Trauer? Drücke ich die Gefühle weg oder kann ich sie freundlich tragen?

VERBUNDENHEIT ENTDECKEN

Der freundliche Blick bewirkt, dass wir uns verbunden und angenommen fühlen. Ganz gleich, ob er von außen oder von uns selbst kommt. Diese freundliche Qualität der Verbundenheit können wir überall entdecken. Ich empfehle Ihnen, sich für diese Lebensqualität in den verschiedensten Bereichen Ihres Lebens zu öffnen. Sie kann sich ganz unterschiedlich zeigen und immer tut sie gut.

FREUNDLICHE VERBUNDENHEIT MIT ORTEN

Mika hat seine Bank am Waldrand. Er blickt von dort aus über einen See und beobachtet die Enten und Haubentaucher. An diesem Ort kann er ganz da sein, ganz bei sich ankommen. Dort gibt es nichts zu leisten oder zu können. Er ist mit allen Sinnen präsent.
Sahra zieht es auf die Terrasse, sobald die Sonne scheint. Sie macht dann die Augen zu und genießt die Wärme in ihrem Gesicht. In die-

sen Momenten kann sie alles liegen lassen, alle Arbeit vergessen und einfach da sein. In ihr wird es dabei warm und weich. Ihr beobachtendes Selbst ist sanft aktiv.

VERBUNDEN MIT DEM TUN

Jakob schließt die Augen und versinkt in der Musik, die er macht. Er spielt sein Instrument mit offenem Herzen. Hannah singt gern, ob sie die Wäsche zusammenlegt, mit dem Fahrrad zur Arbeit fährt oder einfach so. Sie fühlt sich dann lebendig und verbunden.

Es kann das Fahrradfahren sein, das Gärtnern, das Spaziergengehen mit oder ohne Hund, das Sockenstricken, Operieren, Schreiben, Programmieren oder Putzen. Die freundliche Qualität der Verbundenheit zu erleben ist auf vielfältige Weise möglich. Diese Verbundenheit mit dem Tun wird häufig auch als Flow bezeichnet.

VERBUNDENHEIT MIT GRUPPEN

Die Verbundenheit mit einzelnen Menschen habe ich bereits angesprochen. Wir können uns aber auch tief mit Gruppen verbunden fühlen, dem Chor, in dem wir singen, den Teamkolleginnen, mit denen wir zum Essen gehen, oder der Mannschaft, in der wir Sport treiben. Es passiert auch mit Gruppen, die sich spontan bilden, beispielsweise auf einer Demonstration oder einem Konzert oder bei einem Fußballspiel.

Es ist so wohltuend, nichts Besonderes sein zu müssen, sich verbunden zu fühlen und dazuzugehören. Ich hoffe, Sie können für sich unterschiedliche Türen zur Verbundenheit entdecken. Ich wünsche Ihnen, dass Sie Raum schaffen können für diese Menschen, Gruppen, Orte oder Tätigkeiten. Es lohnt sich, das Leben mehr in Richtung Verbundenheit zu orientieren und sich zu öffnen. Der fürsorgliche Blick des Freundes oder der Freundin in Ihrem Kopf macht es möglich.

ÜBUNG

Freund-im-Kopf-Übung, Teil 5

Vertiefen Sie die ersten Schritte durch den freundlichen Blick. Halten Sie für einen Moment inne. Kommen Sie an dem Ort, an dem Sie sich gerade befinden, vollständig an. Sie müssen für einen Moment nichts leisten. Sie brauchen nur dort anzukommen, wo Sie gerade sind. So wie Sie gerade sitzen oder stehen, sind Sie für diesen Moment in Ordnung.

Spüren Sie, wie Ihre Füße den Boden berühren. Spüren Sie in Ihre Fußsohlen und Knöchel hinein. Sie sind mit Ihrer Aufmerksamkeit voll und ganz dort, wo Ihre Füße sind.

Dann lenken Sie Ihre Aufmerksamkeit auf das, was Sie hören. Welche Geräusche nehmen Sie wahr? Hören Sie etwas aus benachbarten Räumen? Oder hören Sie Geräusche der Natur? Zwitschern die Vögel, hören Sie das Rauschen der Bäume im Wind? Fahren Autos vorbei? Seien Sie offen für jedes Geräusch.

Und nun bringen Sie die Aufmerksamkeit auf das Sichtbare. Was sehen Sie? Schauen Sie sich um. Was sehen Sie in dem Raum, in dem Sie sich befinden? Was ist im Vordergrund? Was im Hintergrund? Welche Farben und Formen sehen Sie?

Pendeln Sie hin und her zwischen dem, was Sie in Ihren Füßen und in Ihrem ganzen Körper spüren, und dem, was Sie hören und sehen. Kommen Sie ganz an im Wahrnehmen und Spüren. So wie Sie jetzt hier sind, an diesem Ort, sind Sie in Ordnung.

Bemerken Sie Gedanken und lassen Sie sie weiterziehen. Automatische Gedanken dürfen kommen und gehen. Sie müssen nichts mit ihnen tun. Sie bemerken die Gedanken ... und lassen sie vorbeiziehen. Bleiben Sie auf dem Bahnsteig stehen und lassen Sie die Züge vorbeifahren.

Lenken Sie die Aufmerksamkeit immer wieder sanft zurück auf das, was Sie spüren. Der Erlebnisraum ist weit und offen, Gedanken ziehen durch diesen weiten Raum, wie Wolken am Himmel. Bemerken Sie die Weite und Offenheit.

Erlauben Sie sich für einen Moment, ganz hier zu sein. Innerlich weit, offen und bereit.

Spüren Sie hinein in Ihren Körper, Ihre Füße und Beine. Spüren Sie den Innenraum Ihrer Füße und Beine. Ihr Körper ist durch die Haut begrenzt. Spüren Sie hinein in Ihren Brust- und Bauchraum und Ihre Arme und Hände. Seien Sie innerlich offen und bereit für das, was Sie spüren und empfinden. Seien Sie innerlich bereit, bewusst das zu erleben, was da ist. Wie ein Strand, der bereit ist für jede Welle, die über den Sand strömt.

Welche Körperempfindung nehmen Sie wahr? Ist da Schwere oder Wärme da oder Müdigkeit und Verspannungen? Oder nehmen Sie Gefühle oder Stimmungen wahr? Ist da Unruhe oder Nervosität? Oder nehmen Sie Gefühle wie Trauer oder Angst wahr?

Alles, was da ist, darf in diesem Moment einfach sein, in diesem Raum des Erlebens. Sie müssen nichts damit tun. Gefühle und Empfindungen dürfen da sein und kommen und gehen wie Wellen am Strand. Sie sind in diesem Moment offen und bereit.

Eine innere Tür geht auf, eine Herzenstür. Das Erleben darf in diesem Moment da sein, ohne dass Sie etwas damit tun müssen.

Wenn es Impulse gibt, die wegwollen oder die Gefühle wegdrücken wollen, dann nehmen Sie auch diese Impulse wahr. Auch sie dürfen im Raum des Erlebens jetzt da sein.

Ebenso wie automatische Gedanken, auch sie dürfen kommen und gehen. Sie müssen nichts mit ihnen tun. Sie nehmen sie wahr und lassen sie weiterziehen.

Lenken Sie die Aufmerksamkeit immer wieder sanft zurück auf das, was Sie spüren. Der Erlebnisraum ist weit und offen, Gedanken und Gefühle ziehen durch diesen weiten Raum wie Wolken. Bemerken Sie die Weite und Offenheit Ihres beobachtenden Selbst.

Nun nehmen wir die innere Freundlichkeit hinzu. Vielleicht hilft es Ihnen, sich vorzustellen, dass Sie im freundlichen Licht der Sonne sitzen. Die freundlichen, wärmenden Strahlen gelten Ihnen als ganzer Person. Oder ein freundlicher Hund streicht um Ihre Beine. Er wedelt mit dem Schwanz und freut sich, dass Sie da sind. Vielleicht spüren Sie ein leichtes Lächeln im Gesicht. Ihre Mundwinkel wandern wie von selbst nach oben. Sie spüren einen inneren Raum voller Wärme und Freundlichkeit. So wie Sie jetzt hier sind, sind Sie einfach in Ordnung.

Vielleicht ist es auch hilfreich, sich an den freundlichen Blick einer Freundin oder eines Freundes zu erinnern. Es tut gut, mit diesem freundlichen Blick wahrgenommen zu werden. Dieser Blick gilt Ihnen als ganzer Person. Er gilt Ihrem ganzen Wesen. Vielleicht hilft Ihnen auch die Vorstellung einer warmen Decke, die Sie als Ganzes umhüllt.

Diese Freundlichkeit darf sich innerlich ausbreiten und Sie dürfen sie in vollen Zügen genießen.

Wenn Gedanken auftauchen, dann bemerken Sie die Gedanken und lassen sie vorüberziehen wie Wolken am Himmel. Wie Züge in einem Bahnhof, in die Sie nicht einsteigen wollen. Sie bleiben auf dem Bahnsteig stehen und erleben mit Ihrem freundlichen Blick, wie Sie dort stehen und einfach in Ordnung sind.

Lenken Sie die Aufmerksamkeit immer wieder sanft zurück auf das, was Sie spüren.

Mit dem Freund im Kopf durch den Alltag

Alles, was Sie bis hierhin über den Freund im Kopf gelernt und erprobt haben, können und sollten Sie in Ihrem ganz praktischen alltäglichen Leben anwenden: Beim Arbeiten, bei der Kindererziehung, in der Sexualität, beim Zusammensein mit Freunden, bei den Hobbys ... Verbinden Sie Ihr Engagement mit Präsenz und Freundlichkeit.

BEWUSST
ARBEITEN

Jane meldete sich in einer Gruppe, in der wir genau die Übungen, die ich Ihnen in den letzten Kapiteln vorgestellt habe, praktizierten: »Ich mag diese Übungen und kann sie gut zur Entspannung und zum Runterkommen nutzen, wenn ich zu Hause bin oder mit der S-Bahn fahre. Kann ich die Gangschaltung aber auch bei meiner Arbeit einsetzen, wenn ich hinter dem Tresen stehe und Cappuccino mache oder Cocktails mixe?«

Diese Frage ist sehr wichtig. Was hat das bewusste Ich-hier-jetzt mit unserem Alltag zu tun, mit unserer Arbeit, mit unserem Zusammenleben in der Familie, mit Geldverdienen, Steuererklärungen, Bürokratie, Wäsche und Zukunftsplanung? Genau darum soll es in diesem abschließenden Kapitel gehen, in dem ich den Alltag und insbesondere unser Arbeitsleben in den Fokus rücken werde. Denn das bewusste Ich-hier-jetzt ist kein erträumter Ort außerhalb des alltäglichen Lebens. Dort, wo jetzt gerade unsere Füße stehen, dort, wo das Leben pulsiert, dort ist der Ort für unsere Präsenz und Aufmerksamkeit. Die Menschen, mit denen Sie zusammenleben und -arbeiten, werden ebenso wie Sie davon profitieren (und vielleicht sogar dankbar sein), dass Sie Ihre Offenheit und Bewusstheit in die alltäglichen Situationen bringen. Die Gangschaltung Ihres Geistes können Sie jederzeit für den nächsten Schritt und die nächste Tätigkeit nutzen. Dieser nächste anstehende Schritt kann es sein, die Spülmaschine leer zu räumen, einige lästige E- Mails zu beantworten oder einen Bericht zu schreiben.

Ich weiß, es gibt viele schwierige Arbeitsbedingungen. Belastend können monotone, unterfordernde Tätigkeiten sein oder Arbeitsstellen, an denen es eigentlich nichts zu tun oder keinerlei Rückmeldung von Kollegen oder Kunden gibt. Schwierig ist es auf der anderen Seite auch, wenn wir völlig überfordert und überflutet werden von Arbeit.

Das ganze Leben als Übungsfeld

Wie anstrengend und unangenehm bestimmte Arbeiten oder sogar Lebensbereiche für Sie auch sein mögen: Bleiben Sie dran und versuchen Sie, eine Lösung zu finden. Experimentieren Sie mit der Freund-im-Kopf-Übung und finden Sie heraus, wie Sie in Ihrer Situation eine bewusste Art des Arbeitens üben können. Ob Hausarbeit, ehrenamtliche oder berufliche Tätigkeit, jede Arbeit fordert von uns Aufmerksamkeit. Wir dürfen Arbeit als Übung für unser beobachtendes Selbst betrachten, Ablenkungen möglichst ausschalten und auf den Versuch verzichten, mehrere Dinge gleichzeitig zu tun. Unser Arbeitsgedächtnis ist durch Multitasking überfordert, viele Studien belegen das.

Es lohnt sich wirklich, bereit zu sein und mit ganzer Präsenz das zu tun, was als Nächstes ansteht. Wir können uns in Bereitschaft versetzen, indem wir die erforderlichen Werkzeuge bereitlegen, den PC hochfahren oder die Tagesordnung für das anstehende Meeting und die erforderlichen Unterlagen bereitlegen. Wir gehen in einen inneren Zustand der Aufmerksamkeit und der Offenheit: Ja, ich bin bereit und ich akzeptiere die Arbeitsmaterialien, Bedingungen und Einflussfaktoren der Situation. Jede Tätigkeit ist in irgendeiner Form mit einem Material, einem Stoff, einer Maschine oder mit Menschen verbunden, die uns Rückmeldung geben. Ein Bäcker arbeitet mit Teig und backt Brot, das seine Kunden mögen oder nicht mögen. Ein Programmierer programmiert Programme, die funktionieren oder nicht funktionieren.

Die meisten Arbeiten richten sich auf ein Ziel oder Ergebnis, sie sind mit einer Art Standard of Excellence verbunden. Der Kuchen sollte nach der angegebenen Backzeit aus dem Ofen genommen werden und schmecken. Die Gangschaltung des Fahrrads sollte nach der Reparatur funktionieren. Darum geht es. Bei jeder Arbeit, die wir verrichten, sollte dieser Standard im Vordergrund stehen, nicht unsere perfektionistischen Ansprüche oder unser Streben, dass uns der Chef toll findet. Wir sollten immer wieder aussteigen aus dem Kopfkino und unseren Glaubenssätzen. Die reale Situation ist entscheidend. Die Spülmaschine sollte so befüllt werden, dass alle Teile gut gereinigt werden können. Es gibt verschiedene Wege, diesen Standard of Excellence zu erfüllen. Es gilt, den Weg zu finden, der für uns am besten ist.

ALLE ZUGÄNGE NUTZEN

Alles, was Sie in diesem Buch erfahren und bestenfalls auch schon eingeübt haben, können Sie im Alltag und beim Arbeiten einsetzen. Bei allen nur möglichen Tätigkeiten können wir unsere Aufmerksamkeit für das Tun nutzen und offen, bereitwillig und freundlich auf die Antworten eingehen, die uns Menschen oder Material geben. Auf diese Weise entsteht ein unmittelbarer Lernprozess. Die Arbeit lehrt uns sozusagen immer wieder neu, wie etwas funktioniert oder nicht funktioniert. Das Fahrrad lehrt den Monteur, wie es funktioniert. Das Fahrrad gibt die Antwort.

Oft müssen wir uns mit einer Aufgabe länger und intensiver beschäftigen und entwickeln mit der Zeit spezielle Fähigkeiten. Wir verändern den Stoff, den wir bearbeiten, aber wir verändern auch uns mit der Arbeit, wir lernen hinzu und entwickeln uns. Und wenn wir die einmal erworbenen Fähigkeiten erneut abrufen, erleben wir das schöne Ich-kann-Gefühl, die Selbstwirksamkeit. Wir finden immer bessere Lösungen für ein Computerproblem, kommen mit der Sprache in einem fremden Land immer besser zurecht oder treffen den Basketballkorb immer öfter. Bei all diesen Tätigkeiten geht es nicht um Sie und Ihren Selbstwert. Sie sind so oder so wertvoll, so wie Sie sind. Es geht um die Aufmerksamkeit auf die anstehende Aufgabe und den Lernprozess, wie die Situation funktioniert. Und dann geht es darum zu handeln. Im Handeln bekommen wir immer wieder die unmittelbare Rückmeldung, ob etwas funktioniert oder nicht.

Arbeit kann Ausdruck unserer Lebendigkeit, Kreativität und Energie sein. Unserer inneren Lebendigkeit.

Auch die innere Freundlichkeit tut unserem Arbeiten und dem, was wir da tun, gut. Sie fällt uns meistens leichter, wenn wir etwas tun, was uns am Herzen liegt und was wir gern machen. Manchmal taucht dann auch das Gefühl auf: »Schön, dass ich das jetzt tun darf.« Oder: »Schön, dass ich das kann.« Die innere Freundlichkeit schätzt beides wert, die Menschen oder das Material, mit dem wir arbeiten, und die Gelegenheit, die eigenen Fähigkeiten einbringen zu können.

FREUNDLICH IN EINER OFT UNFREUNDLICHEN WELT

Innere Freundlichkeit fällt dann schwer, wenn wir uns von unserer Arbeit entfremdet fühlen, wenn wir uns materiell oder psychisch ausgenutzt und nicht wertgeschätzt fühlen. Sie fällt schwer, wenn wir uns bei der Arbeit ständig gestresst und überfordert fühlen, wenn zentrale menschliche Bedürfnisse missachtet werden. Dann sind unsere Freundlichkeit und Selbstfürsorge besonders gefordert. Denn wenn andere unsere Bedürfnisse missachten, sollten wir selbst besonders auf sie achten.

Dazu gehört auch, sich ehrlich einzugestehen, wie wir die momentane Arbeitssituation erleben, und Konsequenzen daraus zu ziehen. Innere Freundlichkeit meint nicht, dass wir uns in die Tasche lügen, dass es so schlimm schon nicht ist, sondern dass wir gut für uns sorgen.

Sie bedeutet, Ja zu uns und unseren Bedürfnissen zu sagen und Nein zu ausbeuterischen Arbeitsverhältnissen, eine Abgrenzung gegenüber weiteren Überstunden oder übergriffigen Kollegen. Innere Freundlichkeit bedeutet, auf die Signale des Körpers zu hören. Aussteigen aus Perfektionismus und übertriebenem Harmoniebestreben. Menschen auf dem Weg ins Burn-out hören nicht mehr auf die Signale ihres Körpers. Sie orientieren sich nur noch an den Erwartungen und Leistungsanforderungen der anderen.

Ich weiß, das ist alles einfacher gesagt als getan. Doch mit den Zugängen zum beobachtenden Selbst kann es gelingen – und ist es schon vielen Menschen gelungen –, unser Empfinden bei der Arbeit oder direkt die Arbeitsverhältnisse für uns zu verbessern. Es beginnt damit, im Ich-hier-jetzt anzukommen und die gegebenen Bedingungen und auch Begrenzungen zu akzeptieren und aus dem beobachtenden Selbst heraus die Gelegenheiten zu nutzen, die aktuell zur Verfügung stehen.

Nicht nur äußere Umstände gilt es dabei zu untersuchen. Aus unserem beobachtenden freundlichen Selbst heraus erkennen wir auch an, wenn es uns gerade schwerfällt, eine Aufgabe anzupacken oder zu Ende zu bringen. Wir bemerken aber auch, dass wir gerade eine harte oder anstrengende Aufgabe hinter uns gebracht haben, und spüren die Zufriedenheit, wenn wir Schwierigkeiten überwunden haben. Wir reifen, wenn wir etwas wagen und uns beherzt auch schwierigen Anforderungen stellen.

DER KRITIKER DARF VOR DIE TÜR

Sie dürfen Fehler machen. Arbeit darf schiefgehen. Mindestens acht von zehn Start-ups scheitern. Das ist manchmal hart und schmerzhaft. Doch unser Selbstwert sollte nicht an der Arbeit hängen. Wir lernen stetig dazu. Unser innerer Kritiker sieht das natürlich nicht so. Er führt Buch und wirft uns all unsere schwachen Momente und Fehlleistungen vor. Er treibt uns ständig an und raubt uns nötige Erholungszeiten. Wenn diese innere Stimme beim Arbeiten laut wird, stoppen Sie sie! Setzen Sie den Kritiker vor die Tür. Er ist ein schlechter Ratgeber. Sie sind nicht Ihre Arbeit. Sie sind nicht mehr wert, wenn die Arbeit gut läuft, und Sie sind nicht weniger wert, wenn die Arbeit schlecht läuft und keiner Sie lobt. In unserer Leistungsgesellschaft ist es sehr verführerisch, sich über den Erfolg bei der Arbeit zu definieren, über die Bezahlung oder über die Likes und Klicks. All dies aber sollte nicht Ihre Identität ausmachen. Nehmen Sie die Bewertungen lieber wahr, die Ihre mentale Popcorn-Maschine produziert, und erkennen Sie: Es sind nur Gedanken.

Nutzen Sie Ihr Denken unmittelbar als Werkzeug zur Verrichtung der anstehenden Aufgaben oder zur dafür nötigen Kommunikation. Sie können damit auch werten, aber konstruktiv: Hat es funktioniert, was Sie gemacht haben, oder nicht? Diese Rückmeldungen sind Teil des Lernprozesses. Es geht dabei aber nicht um uns und unseren Wert. Es geht auch nicht um die Anerkennung des inneren Kindes, das jetzt endlich die Zuwendung der Eltern bekommt, weil es erfolgreich ist. Das ist Kopfkino.

Steigen Sie bewusst aus alten Mustern aus. Kommen Sie an beim erwachsenen Ich-hier-jetzt und nutzen Sie immer wieder die Gangschaltung Ihres Geistes. Halten Sie immer wieder inne und praktizieren Sie, was Sie in diesem Buch gelernt haben. Wir verbringen natürlich viel Zeit in unserem denkenden Ich – aber die Gangschaltung hilft uns, immer wieder auszusteigen. Sie macht uns offener, flexibler und damit auch gelassener, erfüllter und freundlicher.

ÜBUNG

Bewusst arbeiten

Betrachten Sie Ihre Arbeit als Übung, aufmerksam im Hier und Jetzt aktiv zu sein. Durch Ihre Aufmerksamkeit, Ihre Akzeptanz, Ihre Freundlichkeit und durch problemlösendes Denken bringen Sie Ihren Geist in einen Zustand, mit dem Sie Herausforderungen lösen können. Erleben Sie Ihr bewusstes Erwachsenen-Ich und nutzen Sie die Zugänge zum beobachtenden Selbst:

- Ich-hier-jetzt in Aktion
- Volle Aufmerksamkeit fürs Tun
- Ablenkungen ausschalten
- Mit allen Sinnen wirklich das tun, was Sie gerade tun. Offen, bereit und akzeptierend
- Offen für das eigene Erleben beim Tun, dafür, Ihre Fähigkeiten einzusetzen und Selbstwirksamkeit zu erfahren, für die unmittelbare Antwort, die Ihnen die Arbeit gibt, für Probleme und Widerstände, die auftreten
- Innerlich freundlich

Arbeit ist Ausdruck Ihrer Fähigkeit, Ihrer Lebendigkeit. Bei schwierigen Arbeiten ist es besonders wichtig, freundlich zu sich selbst zu sein.

Vielleicht können Sie auch entdecken, dass es schön ist, mit den anderen Menschen zusammenzuarbeiten. Und Sie können das Material, mit dem Sie arbeiten, wertschätzen.

Bemerken Sie die inneren Anteile, die Perfektionismus und Harmonie um jeden Preis verlangen, und steigen Sie aus. Zu sich selbst freundlich Ja zu sagen, kann bedeuten, zu weiteren Überstunden Nein zu sagen. Ziehen Sie gesunde Grenzen. Auch das gehört zur inneren Freundlichkeit.

Verlassen Sie immer wieder das Kopfkino und setzen Sie Kritiker, Antreiber, Katastrophisierer vor die Tür. Mentale Ruhe trägt zur Konzentration bei.

Nutzen Sie alles, was Sie hier im Buch gelernt haben, auch in Ihrer Arbeit.

SCHLUSSBEMERKUNG

Ich danke Ihnen für Ihre Aufmerksamkeit und für Ihre Bereitschaft, sich offen auf den hier vorgeschlagenen Prozess einzulassen und vielleicht auch dranzubleiben. Ich danke Ihnen für Ihre Freundlichkeit und das Vertrauen.

Freuen Sie sich an Ihrem bewussten Ich-hier-jetzt, das Sie als Geschenk in sich tragen. Es hilft Ihnen, immer wieder aus dem Kopfkino auszusteigen. Aufmerksames Wahrnehmen und Denken sind zwei unterschiedliche mentale Prozesse und Sie können lernen, beide flexibel zu nutzen. Das wird Ihr Leben ungemein bereichern.

Sicher sind Sie froh, dass Sie Ihre Uhr lesen und planen können, wann Sie losgehen sollten, um die S-Bahn zu erreichen. Ihr denkendes Ich bringt Kontrolle und Berechenbarkeit in Ihr Leben. Nutzen Sie Ihr Denken als Werkzeug.

Zugleich machen uns Beobachtung, Staunen, Geheimnisse, Liebe, innere Offenheit und Freundlichkeit eigentlich erst zu wirklichen Menschen. Mit großem Gewinn können wir auch diese Qualitäten in uns entfalten und nutzen.

Wo sind in diesem Moment Ihre Beine? Was hören Sie gerade? Was sehen Sie an dem Ort, an dem Sie sich gerade befinden?

Seien Sie offen, bereit und freundlich. Jeder Moment ist in sich neu und wertvoll. Auch dieser.

Alles Gute!

DANKSAGUNG

Ich freue mich sehr, dass aus diesem Herzensthema ein lesbares und hoffentlich lesenswertes Buch geworden ist. Besonders danke ich meinem Dream-Team Ariane Hug vom GU Verlag und meiner Lektorin Diane Zilliges. Vielen Dank für die hilfreichen Ideen zu Gestaltung, Strukturierung und Formulierung des Textes und zur inhaltlichen Verbesserung.

LITERATUREMPFEHLUNGEN

Bauer, Joachim (2006): Warum ich fühle, was du fühlst. Heyne

Bauer, Joachim (2021): Das empathische Gen. Herder

Beck, Aron (1975): Cognitive Therapy and the Emotional Disorders. Penguin

Curran, Thomas (2023): Nie gut genug. Die fatalen Folgen des Perfektionismus – und wie wir uns vom Selbstoptimierungsdruck befreien können. Rowohlt

Curran, Thomas; Hill, A. P. (2019): Perfectionism is increasing over time. Psychological bulletin, 145/4

Damasio, Antonio (2002): Ich fühle, also bin ich. List

Deikmann, Arthur J. (2002): The Oberserving Self. Mysticism and Psychotherapy. Beacon Press

Dietz, Ingeborg; Dietz, Thomas (2008): Selbst in Führung. Junfermann

Etherson, M. E., et al. (2022): Perfectionism as a vulnerability following appearance-focussed social comparison. Personality and Individual Differences, 186 (Part B)

Flett, G. L.; Hewitt, P. L. (2022): Perfectionism in Childhood and Adolescence. A Developmental Approach. APA

Gilbert, Paul (2013): Compassion Focused Therapy. Junfermann

Fisher, Peter; Wells, Adrian (2014): Metakognitive Therapie. Junfermann

Hammer, Matthias (2023): Der Feind in meinem Kopf. Gräfe & Unzer

Hammer, Matthias (2020): Denke groß, fang klein an. mvg

Hammer, Matthias (2018): Liebe das Kind in dir … und entdecke, was dich stark macht. Gräfe & Unzer

Hari, Johann (2023): Stolen Focus. Why you can´t pay attention – and how to think deeply again. Crown

Harris, Russ (2011): ACT leicht gemacht. Ein grundlegender Leitfaden für die Praxis der Akzeptanz- und Commitmenttherapie. Arbor

Hayes, Steven C. (2020): Kurswechsel im Kopf. Von der Kunst anzunehmen, was ist, und innerlich frei zu werden. Beltz

Hayes, Steven C.; Strohsal, K. D., Willson, K. G. (2004): Akzeptanz- und Commitment-Therapie. CIP-Medien

Jacob, Gitta (2020): Raus aus Schema F. Das innere Kind verstehen, Verhaltensmuster ändern und neue Wege gehen. Beltz

Kahnemann, Daniel (2016): Schnelles Denken, langsames Denken. Penguin

Oettingen, Gabriele (2017): Die Psychologie des Gelingens. Droemer

Roediger, Eckhard (2018): Schematherapie. Grundlagen, Modelle und Praxis. Schattauer

Schwartz, Richard C. (2008): IFS. Das System der Inneren Familie. BoD

Segal, Zindel V.; William, J.; Mark G.; Teasdale, John D. (2015): Die Achtsamkeitsbasierte Kognitive Therapie der Depression. dgvt

Sonneborn, Uta; Haage-Rapp, Ruthild.; Middendorf, Christa; Pires, A. C. (2021): Selbst-geführte Psychotherapie. Arbor

Wengenroth, Matthias (2016): Das Leben annehmen. So hilft die Akzeptanz- und Committment-Therapie (ACT). Hogrefe

Weiss, Halko; et al. (2023): Das Achtsamkeitsbuch. Klett-Cotta

Wilber, Ken (2008): Wege zum Selbst. Goldmann

Tolle, Eckhart (2005): Jetzt! Die Kraft der Gegenwart. Ein Leitfaden zum spirituellen Erwachen. Kamphausen

MBSR UND MBCT

Weitere Informationen zum Aufmerksamkeitstraining finden Sie beispielsweise unter:
www.metakognitivetherapie.de/aufmerksamkeitstraining.

FREUND-IM-KOPF-ÜBUNG ONLINE

In diesem Buch haben Sie unterschiedliche Zugänge zum Freund im Kopf kennengelernt. Je öfter Sie sich an diese Zugänge erinnern und sie nutzen, desto leichter fällt es Ihnen mit der Zeit auch in den unterschiedlichsten Alltagssituationen. Am Anfang ist es hilfreich, gezielt mit Audiodateien zu üben. Stärken Sie die Fähigkeiten, die in ihnen schlummern, durch regelmäßige Übung.

Vier Audiodateien habe ich für Sie aufgenommen:

→ T1: Freund im Kopf Übung I. Ich-hier-jetzt aufmerksam
→ T2: Freund-im-Kopf-Übung II. Gedanken bemerken und aussteigen
→ T3: Freund-im-Kopf-Übung III. Innerlich offen und bereit
→ T4: Freund-im-Kopf-Übung IV. Innerlich freundlich

Die Audios finden Sie unter:
www.matthiashammer.de/buecher/freund-in-meinem-kopf/
Ihr Passwort lautet: Freund24

Hinweis: Sie können diese Übungen zur Selbsthilfe und Selbsterfahrung nutzen. Wenn Sie allerdings bemerken, dass Ihnen einzelne Übungen nicht guttun oder sich Ihr Wohlbefinden verschlechtert, rate ich Ihnen, die Übungen nicht fortzusetzen und sich mit einem Arzt oder Psychotherapeuten Ihres Vertrauens darüber auszutauschen.

LIEBE LESERINNEN UND LESER,

wir wollen Ihnen mit diesem Buch Informationen und Anregungen geben, um Ihnen das Leben zu erleichtern oder Sie zu inspirieren, Neues auszuprobieren. Wir achten bei der Erstellung unserer Bücher auf Aktualität und stellen höchste Ansprüche an Inhalt und Gestaltung. Alle Anleitungen und Rezepte werden von unseren Autoren, jeweils Experten auf ihren Gebieten, gewissenhaft erstellt und von unseren Redakteur*innen mit größter Sorgfalt ausgewählt und geprüft.

Haben wir Ihre Erwartungen erfüllt? Sind Sie mit diesem Buch und seinen Inhalten zufrieden? Wir freuen uns auf Ihre Rückmeldung. Und wir freuen uns, wenn Sie diesen Titel weiterempfehlen, in Ihrem Freundeskreis oder bei Ihrem Online-Kauf.

Sollten wir Ihre Erwartungen so gar nicht erfüllt haben, tauschen wir Ihnen Ihr Buch jederzeit gegen ein gleichwertiges zum gleichen oder ähnlichen Thema um.

KONTAKT ZUM LESERSERVICE

GRÄFE UND UNZER VERLAG
Grillparzerstraße 12
81675 München
www.gu.de

IMPRESSUM

GU ist eine eingetragene Marke der GRÄFE UND UNZER VERLAG GmbH, www.gu.de

ISBN 978-3-8338-9090-1
2. Auflage 2025

Projektleitung:
Ariane Hug
Lektorat:
Dr. Diane Zilliges
Bildredaktion:
Simone Hoffmann
Umschlaggestaltung und Layout: ki 36 Editorial Design, München, Anika Neudert
Herstellung: Petra Roth
Satz: Uhl + Massopust, Aalen
Reproduktion: medienprinzen GmbH, München
Druck und Bindung: Livonia Print, SIA

Umwelthinweis
Nachhaltigkeit ist uns sehr wichtig. Der Rohstoff Papier ist in der Buchproduktion hierfür von entscheidender Bedeutung. Daher ist dieses Buch auf PEFC-zertifiziertem Papier gedruckt. PEFC garantiert, dass ökologische, soziale und ökonomische Aspekte in der Verarbeitungskette unabhängig überwacht werden und lückenlos nachvollziehbar sind.

Bildnachweis
Cover: Alamy (Hintergrund), Fotolia.com/Abundzu (Illustration); Illustrationen: GU/Claudia Lieb; Autorenfoto: Ronny Schönebaum; iStockphoto.com: S. 16, 20, 64; Bildagentur Image Professionals GmbH, Tumblingerstr. 32, 80337 München www.imageprofessionals.com

Wichtiger Hinweis
Die Gedanken, Methoden und Anregungen in diesem Buch stellen die Meinung bzw. Erfahrung der Verfasserin dar. Sie wurden von der Autorin nach bestem Wissen erstellt und mit größtmöglicher Sorgfalt geprüft. Sie bieten jedoch keinen Ersatz für persönlichen kompetenten medizinischen Rat. Jede Leserin, jeder Leser ist für das eigene Tun und Lassen auch weiterhin selbst verantwortlich. Weder Autorin noch Verlag können für eventuelle Nachteile oder Schäden, die aus den im Buch gegebenen praktischen Hinweisen resultieren, eine Haftung übernehmen.